W0245665

Schirner
Verlag

Anne-Mareike Schultz

Wikinger

Verbinde dich mit der
KRAFTQUELLE
der alten **GÖTTER**

Schirner
Verlag

ISBN 978-3-8434-1352-7

Anne-Mareike Schultz:
Wikinger
Verbinde dich mit der Kraftquelle
der alten Götter
© 2018 Schirner Verlag, Darmstadt

Umschlag: Simone Fleck, Schirner,
unter Verwendung von #1038398644 (© Denis
Belitsky), #341320430 (© dwph), #644514706
(© Bourbon-88), #478449772 (© Nejron Photo),
www.shutterstock.com
Layout: Simone Fleck, Schirner
Lektorat: Kerstin Noack, Schirner
Printed by: Ren Medien GmbH, Germany

www.schirner.com

1. Auflage Dezember 2018

Inhalt

ICH WIDME
DIESES BUCH
MEINEN ELTERN
ANNE-KARINE UND
HANS-ALBERT.

Vorwort

Das Vermächtnis der Wikinger an uns ist unsagbar groß, und doch kann ich dir hier nur einen kleinen Einblick geben. Es sind nicht nur ihre Legenden, ihre berühmt-berüchtigte Wildheit als Krieger, sondern besonders auch ihr Sinn für Abenteuer, der sie bis heute in unseren Gedanken, unserer Fantasie und unserem Herzen lebendig hält. Mich haben die Wikinger schon als Kind in den Bann gezogen, denn hier in Schleswig-Holstein leben wir in einem Teil des ehemaligen Wikingerlands. Meine Taufpaten lebten in Schleswig, gleich dort, wo sich Haithabu, eine der größten Wikingersiedlungen, befand, und es gab kaum ein Treffen, das nicht mit einem Besuch der Stätte verbunden wurde. Ich habe schon früh davon geträumt, wie es wohl wäre, mit dem Drachenboot auf Reisen zu gehen, nur mit der Axt ein Schiff zu bauen und in einem Langhaus am Feuer zu sitzen und den alten Göttergeschichten zu lauschen. Meine Großmutter hatte die Gabe, diese Geschichten durch ihre Erzählungen vor meinem inneren Auge so lebendig werden zu lassen, dass ich auch nachts von den Göttern träumte. Ich stellte mir vor, dass die Wolkenstreifen, die ich am Himmel sah, die Spuren von Freyas Wagen waren oder die Raben, die neben uns landeten, womöglich die Boten Odins sein könnten oder es, wenn es donnerte und blitzte, unfehlbar Thor sein musste, der sich so bemerkbar machte. Meine Großmutter eröffnete mir eine fantastische Welt, mit der ich mich verbinden durfte. Es war nie ein Thema, dass keine dieser Geschichten einen christlichen

Ursprung hatte, für mich waren es einfach Legenden, die in mir und meiner Traumwelt weitergeträumt werden durften. Die Götter waren und sind bis heute meine geistigen Verbündeten, und doch habe ich sie nie als eine Religion betrachtet. So soll auch dich dieses Buch nicht von dem entfernen, woran du glaubst, sondern es darf dir einen Blick auf die Götterwelt der Wikinger schenken – und wer weiß, vielleicht auch einen neuen Verbündeten, der dich auf deinem Weg der Kraft unterstützen darf.

Zudem war es für mich als Kind unglaublich spannend, den Geschichten meiner Mutter zu lauschen, die als Kind in den Ferien bei den Ausgrabungen in Haithabu helfen und damit die Schätze dieser faszinierenden Menschen und ihrer Kultur heben durfte. Meine Träume waren genährt, mein inneres Feuer brannte. Ich habe als Kind von meinen Eltern die Möglichkeit bekommen, viele wundervolle Wikingerstätten besuchen zu dürfen. Für mich war es immer ein erhabener Moment, vor einem vom Moor freigegebenen uralten Drachenboot zu stehen, Glasperlen durch die Fensterscheibe eines Ausstellungskastens zu bewundern oder die Äxte und Schwerter der Wikinger zu bestaunen. Auf diese Weise waren diese Nordmänner und natürlich auch -frauen für mich unglaublich greifbar, und ich bin dankbar, dass ich mit dir nun ein Stück dieser Faszination teilen darf.

Gedanklich entstand dieses Buch schon in den Rauhnächten 2017/2018, seine endgültige Form durfte es dann im heißesten Sommer seit vielen Jahren annehmen. Eigentlich rief hier oben im Norden der Strand, doch bei mir schmetterten die Töne der Band »Wardruna« durch die Lautsprecher, aber auch »Der Ring des Nibelungen« von Richard Wagner. Beides entführte mich in die Mythen der Wikinger, zurück in meine Kindheit, in die Zeit, als ich meiner Großmutter an den Lippen hing, um mehr von den Legenden zu erfahren. Ich durfte schon als Kind mit meinen Eltern und Großeltern in die Oper. Ich fand das nur wenig spannend, wenn es jedoch um Drachen, Götter und Magie ging, dann war meine Aufmerksamkeit geweckt. Wenn ich heute im Opernhaus sitze und die Welt in »Siegfried« neu geboren wird, weiß ich, dass diese Musik nichts mit der Wikingermusik zu tun hat, und doch wurde durch Wagner ein Werk geschaffen, in dem ein Teil unserer Geschichte und Mythologie auf ewig bewahrt wurde und das uns bis heute daran erinnert, dass wir mehr sind als die letzten 100 Jahre unserer Geschichte. Wir dürfen uns in eine Welt der Mystik, Magie und unserer eigenen Wurzeln fallen lassen, uns selbst wiederfinden. Die Legenden sind ein Schlüssel, den wir nutzen dürfen, um unser Innerstes zu verstehen, damit wir diese Welt freier betrachten und eine Veränderung bewirken können. An den Wikingern war so unfassbar großartig, dass sie angstfrei, mutig, unerschrocken und kühn waren – und dies dürfen wir heute für uns nutzen. Sie haben ein unglaublich breites Feld für uns hinterlassen, und ihr Bann scheint ungebrochen zu sein. Mögen wir es nutzen, damit wir heller strahlen, kühner und zuversichtlicher in die Zukunft gehen können.

Möge das Herz eines Wikingers in jedem von uns schlagen.
Deine Anne-Mareike   Sommer 2018

Einleitung

Bei dem Wort »Wikinger« haben die meisten von uns gleich ein festes Bild im Kopf: einen raubeinigen, riesengroßen Krieger mit Tierfellen über der Schulter und einer Axt in der Hand, der auf einem Drachenboot steht, während seine ähnlich riesigen Kumpanen rudern, was das Zeug hält, um irgendwo an Land zu gehen, dort zu brandschatzen, zu plündern, und ja, auch zu morden. Dabei waren die Wikinger so viel mehr als die skrupellosen, brutalen »Piratenkrieger«, für die viele sie halten. Sie waren mutige, erfinderische und furchtlose Händler, Künstler und Entdecker, die in einer vielschichtigen Kultur gelebt und die Welt besegelt haben. Der Begriff »Wikinger« ist erst im 19. Jahrhundert zu einem Allgemeinbegriff für nordische Seefahrer geworden, zuvor waren die Begriffe »Nordmann« und »Nordgermane« gängiger. Allerdings sind all diese Begriffe immer nur eine Art Sammelbegriff gewesen für ein Volk, das bis heute unser Blut und unsere Fantasie in Wallung bringt. Die Bezeichnung »Germanen« war anfänglich auch nur ein Sammelbegriff der Römer für all die Völker, die nicht zu den Kelten zählten. Jedoch waren die Stämme der Germanen, ähnlich wie die der Kelten, über Generationen hinweg auf Wanderschaft. Die Gemeinschaft war somit nicht an ein Stück Land gebunden. Sie wurde von ihrem Anführer clever und vor allem gerecht geführt, sodass hier ein tiefes Vertrauensverhältnis und Verständnis dafür entstand, was man zusammen erreichen wollte. Das Umherziehen und die Suche nach neuem Land ist so zu einem Teil ihrer Kultur geworden.

Der Begriff »Wikinger« hingegen bezieht sich weder auf einen Stamm noch auf ein Gebiet oder ein Volk, sondern auf Männer und Frauen, die in der Zeit zwischen 790 und 1050 nach Christus die letzte große Wanderung der Germanen unternahmen. Mit ihren Drachenbooten verließen sie Skandinavien und gingen auf Raubzug an den Küsten Europas, aber sie erschufen auch Handelsplätze und bauten neue Siedlungen an den nordeuropäischen Küsten auf. Zudem kontrollierten sie Handelsstädte in England und Irland und besiedelten Island und Grönland. Mit ihren Drachenbooten kamen sie unter anderem bis nach Nordamerika und Byzanz. Ihre Boote erweckten in Europa, vor allem England, großen Schrecken, denn die Nordmänner waren für ihre Wildheit und Unerschrockenheit bekannt. Dabei dienten ihnen die Boote nicht nur in dieser Welt zur Seefahrt, sondern wurden auch als Grabbeigaben genutzt. Diese Grabbeigaben helfen uns heute, das Leben der Nordmänner zu verstehen und ihre vielschichtige Kultur in ein verständliches Bild zu setzen. Das Boot mit seinen zahlreichen schönen Schnitzereien von

Tieren diente als Vehikel in die Unterwelt, um die Reise, geschützt vor feindseligen Geistern, gut zu überstehen. Der Drache wurde als Tier der Magie häufig gewählt, denn er meistert alle Elemente, aber auch viele andere Wesen wurden als Verzierung verwendet, um der Besatzung Kraft, Mut und Zuversicht zu schenken. Die Boote der Wikinger waren Kostbarkeiten, die uns bis heute viel über ihr Leben erzählen. Eine verstorbene Frau z. B., der ein Boot als Ganzes beigelegt wurde, war von hohem Rang und wurde sehr geschätzt. Dabei hatten Frauen im Allgemeinen einen besonderen Stand bei den Nordmännern. Sie waren keine unterwürfigen Gefährtinnen, die ans Haus gebunden waren, sondern galten als gleichberechtigte Partnerinnen mit eigenen Rechten. Die Schildmaid kämpfte mit den Nordmännern und war fester Teil dieser Gesellschaft – nicht nur als Kriegerin, sondern auch als Seherin und Leiterin von Riten. Diese Völva oder auch Seiðr trug einen Stab der Macht, besaß die Fähigkeit, das Übernatürliche zu lenken, und war in der Lage, in einem ekstatischen Ritual in andere Welten zu blicken, um weiszusagen. Viele Riten der Wikinger erscheinen aus heutiger Sicht brutal, denn mit ihnen ging oft die Schlachtung von Tieren einher. Jedoch ging es hierbei vorrangig darum, die Gunst der Götter zu gewinnen, um Glück, Schutz und Fruchtbarkeit zu erhalten.

Einige überlieferte Schriften erzählen von den Sitten und Riten dieses raubeinigen Volkes durch die Augen christlicher Missionare und muslimischer Händler. Feste, Rituale, Opferungen, Hygienestandards und der große Tempel in Uppsala werden hier beschrieben und geben einen kleinen Einblick in das tägliche Leben dieser trotzigen und waghalsigen Menschen. Die Legenden der germanischen Völker wurden mündlich überliefert. Sie selbst verfügten zwar über die Runenschrift, diese wurde aber nie für lange Texte, sondern eher für kurze Inschriften und magische Handlungen benutzt. Die erste schriftliche Überlieferung zu den Germanen etwa aus dem Jahr 100 nach Christus stammt von den Römern. Jedoch erzählt uns die »Edda«, die Mitte des 13. Jahrhunderts in Island verfasst wurde, heute noch viel über die Mythen, Legenden, Helden, Götter und die Weltanschauung der Wikinger. Zwar wurde die »Edda« knapp 200 Jahre nach dem Verschwinden der Wikinger auf der Grundlage mündlicher Überlieferungen verfasst und als literarisches Werk entsprechend lebendig und dramatisch gedichtet, gleichwohl können durch dieses Werk bis heute viele Ausgrabungen und Funde aus der Wikingerzeit in Beziehung gesetzt und eingeordnet werden. Die »Edda« liest sich wie eine Fibel der nordischen Mythologie und ist heute ein wertvolles Schatzkästchen, das uns hilft, unsere Wurzeln noch besser zu verstehen. Hinzu kommt, dass zur selben Zeit, als die »Edda« entstand, in Europa Heldengeschichten in Form von höfischen Romanen und Heldenepen wie dem Nibelungenlied in Mode kamen. Die Sehnsucht nach diesen Themen war also nicht nur in Island groß, auch in Europa übten solche Geschichten enorme Anziehungskraft aus. Typisch für die Götter der nordischen Geschichten sind ihre menschlichen Züge. Sie haben vor allem viel gefeiert, getrunken, gegessen, aber auch mit Inbrunst gekämpft, Pläne geschmiedet und gestritten.

Laut »Edda« ist die Welt aus dem großen Nichts entstanden, und hier, in dieser Leere, trafen sich Feuer und Eis. Aus dem schmelzenden Eis entstanden die ersten Lebewesen, der Urriese Ymir und die Urkuh Audhumla. Der Urriese gebar zum einen Riesen unter seiner schwitzenden Achsel und zum anderen, indem er seine Füße aneinanderrieb. Die Kuh hingegen leckte aus dem Eis einen menschenähnlichen schönen Mann hervor. Und aus der Vereinigung von dessen Sohn mit einer Riesin wurden Odin und seine zwei Brüder, und damit die ersten drei Götter, geboren. Da der Urriese böse und schlecht war und zudem immer mehr Riesen gebar, erschlugen die drei Götter ihn und formten aus ihm die Welt. Aus seinem Fleisch wurde die Erde, aus seinem Blut wurden die Meere, aus seinen Knochen die Berge, aus seinen Haaren die Wälder, aus seinem Schädel wurde der Himmel und aus seinem Hirn die Wolken. Jedoch waren die Meere so üppig und rauschend, dass die Riesen bis auf ein paar alle ertranken. Die Sonne trocknete schließlich das Land, und es wurde grün. Daraufhin wurde der Sonne der Tag geschenkt und dem Mond die Nacht, die Welt wurde in drei Teile aufgeteilt, und im Zentrum dieser Welt rankte die immergrüne Weltenesche Yggdrasil, die alles miteinander verband. In der Mitte des Weltenbaumes befand sich Midgard, der Ort, an dem die Menschen lebten, die Krone führte nach Asgard, in die Welt der Götter, und an den Wurzeln lagen das Land der Riesen, die dunkle Welt und auch ein Eingang in das Reich der Götter. Midgard und Asgard waren zudem durch eine Regenbogenbrücke miteinander verbunden.

Die Welt wurde bald von vielen Wesen wie Menschen, Riesen, Zwergen und Elfen besiedelt, aber auch von Drachen und Ungeheuern. Zudem gehörten die Wanen, die Götter der Fruchtbarkeit, der Erde und der Meere, und das Göttergeschlecht der Asen, die über die Erde, die Menschen und das Schicksal herrschten, dazu. Diese bekämpften sich in einem schlimmen Krieg, der das Geschlecht der Wanen bis auf ein paar wenige Götter auslöschte. Diese wiederum zogen nach Asgard und mischten sich mit dem Göttergeschlecht der Asen. Die Welt der Götter war vor allem durch die Riesen bedroht und Odin deshalb immer vorbereitet, die Welten zu beschützen. Doch obwohl die Riesen eine Gefahr darstellten, gab es immer wieder auch friedliche Begegnungen, ja, sogar Liaisons zwischen den Göttern und den Riesen.

Die Mythen um die germanische Götterwelt sind mitunter von einer herben Sensibilität durchdrungen. Es gibt faszinierenderweise unglaublich viele farbenfrohe Geschichten über sie, und doch habe ich mich hier für die eher dunklen Anfänge entschieden, denn für mich machen der Mut und die Furchtlosigkeit, die diese Geschichten prägen, gepaart mit der Freude darüber, den eigenen Weg mühelos zu gehen, die Verbindung zu den Mythen der Wikinger aus. Das tiefe Vertrauen und die Erdverbundenheit, für die die Wikinger stehen, darf auch deinen Weg leuchtender machen. Ich freue mich, dass wir gemeinsam dem inneren Ruf der Wikinger folgen und ihr Vermächtnis annehmen. Erlebe, dass auch in dir ein heldenhafter Wikinger oder eine mutige Schildmaid steckt!

LICHTREISE

Erwecke deinen inneren Wikinger

Die Schildmaiden standen den Wikingern in nichts nach und waren ebenso fester Bestandteil dieses großartigen Volkes. Der Einfachheit halber werde ich hier und in den nachfolgenden Reisen nur von Wikingern sprechen, jedoch sind damit immer auch die glorreichen Schildmaiden gemeint.

Mache es dir bequem, schließe die Augen, und atme ganz bewusst ein und aus. Spüre genau nach, wo in deinem Körper du dich befindest. Komme vollkommen zur Ruhe. Gleite in den inneren Raum, in die sichere und vertraute Grotte deines Herzens. Gehe immer tiefer an deinen inneren geistigen Ort, und stelle dir vor, dass du einen heiligen Kelch in deinem Herzen trägst. Erlebe, wie dieser sich mit jedem deiner Atemzüge mit hell leuchtendem Licht, dem göttlichen Licht, und dem Gefühl der Leichtigkeit und Freude auffüllt und alle Blockaden und Mauern weichen dürfen. Nimm wahr, wie du dich selbst und den Kelch mit jedem deiner Atemzüge mit leichter, strahlender und hell leuchtender Energie anfüllst. Und erlebe, dass der Kelch von dieser wunderbaren Energie überläuft und du mit deinem ganzen Körper und deinem Sein leuchten kannst. Du spürst, wie dich Kühnheit, Zuversicht, Vertrauen und Mut durchströmen und das Licht deinen ganzen Körper, dein Sein und dein Licht berührt – du beginnst zu strahlen. Erlebe, dass du dich mit diesem Licht aus deinem Kelch selbst bereit machst, damit dein innerer Wikinger erwacht. Er wartet bereits auf dich. Dein innerer Wikinger steht in voller Kraft vor dir, stark, mutig und verbunden. Er streckt seine große, raue Hand aus und berührt dein Herz. Diese Berührung nimmst du ganz deutlich wahr, und du kannst deine Verbindung zu den Wikingern, zu deinem Seelenpfad, aber auch das Vermächtnis in dir plötzlich ganz deutlich wahrnehmen. Dein innerer Wikinger stärkt dich und schenkt dir Vertrauen in deine Fähigkeiten und deinen Mut. Er spricht zu dir: »Ich danke dir dafür, dass wir zusammen diesen Weg gehen und ich dir helfen darf, deine Verbindung zu den alten Göttern, aber auch zu dir selbst zu aktivieren. Möge ich dich daran erinnern, dass du deine eigene Kraftquelle bist und die Götter nur ein Schlüssel dafür sein können. Ich wecke deine Erinnerung daran, was zu dir zurückkehren darf. Ich möchte dir einen stärkeren, bewussteren und klareren Zugang zu deiner eigenen Kraftquelle schenken, damit du deinen Seelenweg kraftvoll und mutig beschreiten kannst.«

Spüre, dass dein innerer Wikinger nun an deiner Seite steht. Du fühlst dich in jeder Zelle, die das Licht berührt hat, von ihm unterstützt. Dein innerer Wikinger begleitet dich fortan und so lange, wie du ihn an deiner Seite haben möchtest. Bedanke dich bei ihm, wenn du möchtest. Spüre ihn an deiner Seite. Nun ist der Moment gekommen, ins Hier und Jetzt zurückzukehren. Du atmest dich von innen nach außen und nimmst dich zurück in der Wirklichkeit wieder ganz wahr.

✴◀ RITUAL: STAB DER VÖLVA

Das folgende Ritual unterstützt dich dabei, deinen inneren Wikinger bzw. deine innere Schildmaid zu stärken und ganz zu deiner Kraft zu stehen.

Die Völva oder auch Seiðr, die Seherin bzw. Zauberin der Wikinger, wird mit einem Stab beschrieben, der fast so groß wie sie selbst gewesen sein soll. Er war mit Federn, Muscheln, Krallen von Tieren und auch Tierhäuten geschmückt. Obwohl es nicht der Stab war, der ihr Magie verlieh, war er doch das Symbol dafür, dass sie wusste, wie sie Energien lenkte, um diese fruchtbar für ihr Volk einzusetzen.

Dein eigener Stab darf ein Dekostück auf deinem Schreibtisch oder auch in deinem Regal sein sowie Teil deines Altars, wenn du dies möchtest. Ich denke, wir müssen nicht so weit gehen, Tierhäute zu verwenden. Und wer weiß, vielleicht gibt es ein ungeliebtes Erbstück, das so einen schönen neuen Platz bekommt und durch das du die Kraft deiner Ahnen mit in diesen Stab geben kannst. Ich selbst habe einen ähnlichen Stab für mich vor über zehn Jahren hergestellt. Er war lange Teil meiner Rituale, und heute sieht er mir von meiner Fensterbank aus zu, wie ich dies hier schreibe. Du kannst alle Rituale auch ohne diesen Stab durchführen, jedoch ist er eine magische Ergänzung.

Für dieses Ritual benötigst du:
- 1 Eschenstab (20–30 cm lang mit einem Durchmesser von 3–5 cm)
- Deko, z. B. schöne Perlen oder Muscheln sowie Bänder
- Klebstoff
- 1 Messer
- 1 kleines Feuer oder 1 große Kerze

Hinweis: Plane für dieses Ritual genügend Zeit ein.

✳ Horche in dich hinein, und frage dich, warum du heute dieses Ritual durchführen möchtest. Welche Absicht hast du?

✳ Setze dich in der Natur oder zu Hause an deinen Altar: Baue einen Kreis, einen heiligen Platz auf, in dem du die Anrufungen (siehe Seite 122 ff.) aussprichst. Konzentriere dich auf das, was du vorhast, und lasse dich nicht durch Dinge im Außen wie das Telefon oder etwas Ähnliches ablenken.

✳ Entzünde deine Altarkerze oder ein kleines Feuer, wenn du in der Natur bist. Mache dir bewusst, dass dies dein inneres Feuer ist, dein Licht sowie das göttliche Feuer.

✳ Wenn du möchtest, kannst du jetzt die Utensilien für dieses Ritual mit Weihrauch oder Salbei räuchern.

✳ Nun rufe die Kraft der Völva mit den folgenden Worten an deine Seite: »Ich rufe alle Begleiter und Verbündeten der magischen Kraft der Völvas, des Sehens, der Vorurteilslosigkeit sowie der Kraft der Wikinger. Helft mir, die Zeichen im Spiel der Flammen zu erkennen und die Symbole meiner Kraft zu sehen. Danke, dass ihr mir helft. Seid willkommen, so sei es!«

✳ Sieh in das Feuer bzw. die Flamme, und beginne zu träumen. Achte darauf, das Feuer bzw. die Flamme immer deutlich im Blick zu behalten, jedoch ohne dabei deine Augen zu schädigen. Lasse die Flammen tanzen, und erkenne in den Formen des züngelnden Feuers Gestalten, Figuren, Zeichen und Symbole.

✳ Ritze diese Zeichen nun in deinen Stab, und mache dir dabei bewusst, dass du einen Ritualgegenstand erschaffst, der dich dabei unterstützen darf, deine eigene magische Kraft sichtbar zu machen und zu lenken. Dieses Ritual erinnert dich an deine ureigene Kraft. Jetzt bist du an der Reihe, diese für dich in Richtung Glück zu lenken und zu nutzen.

✳ Nimm etwas Ruß von einer Kerze oder einem Feuer – wenn du dies nicht hast, dann etwas Kohle – auf deine Finger, und fahre die Linien der Zeichen nach, um sie sichtbarer zu machen. Sprich dann folgende Worte laut aus: »Hiermit nähre ich meine ureigene Kraft, losgelöst von allen Konventionen und alten Versprechungen, die ich in diesem Leben oder in einem anderen wissentlich oder unwissentlich getätigt habe. Ich bin frei von Angst und Vorurteilen und darf meine Kraft für mich und andere zum höchsten Wohle einsetzen. Ich bin es wert, zu meinen Wurzeln und zu meinem inneren Wikinger stehen zu dürfen. Mir ist bewusst, dass ich eine Wahl habe, und ich erlaube mir, kraftvoll in die kommende Zeit zu treten. Ich danke den alten Göttern und meinen Verbündeten dafür, dass sie Zeugen meines Pfades sind. Ich trage die Verantwortung für mich selbst und lasse alles frei, was mir nicht mehr dienlich ist.«

* Nun dekoriere deinen Stab mit den Dingen, die du bereitgelegt hast. Wickle und klebe die Bänder, Muscheln oder Perlen so auf deinen Stab, dass es für dich stimmig ist.

* Danke den Energien und dir selbst für die Schritte, die du gerade getan hast.

* Lasse den heiligen Raum sich wieder auflösen, und komme ganz zurück in deinen Alltag.

Gott Thor –

VERTRAUEN

Der Gott Thor, auch Donar, war der älteste Sohn Odins und bekannt für seine unglaubliche Stärke. Er war der kraftvollste der Asen und ein gefürchteter Widersacher der Riesen. Thor war der Beschützer der Götterwelt und darüber hinaus als Wettergott zuständig für Regen, Wind, Donner und Blitz, weshalb die Bauern ihn sehr verehrten. Thor war aufrichtig und unkompliziert, und er liebte es, zu feiern und zu trinken. Zu ihm gehörte der magische Hammer Mjölnir, der, wenn er ihn schleuderte, immer wieder zu ihm zurückkehrte und ihn dadurch quasi unbesiegbar machte. Dazu trug er einen Gürtel, der seine Stärke und Kraft verdoppelte, und ein paar Eisenhandschuhe, mit denen er den Hammer überhaupt erst schleudern konnte. Thors Hammer wurde in der Zeit der Wikinger, ca. 1000 nach Christus, als Miniaturhammer in Form eines Amuletts getragen und sollte den Träger schützen, ihm Glück bringen und besondere Kraft verleihen. Zudem besaß Thor einen Streitwagen, der von zwei Ziegenböcken gezogen wurde. Es heißt, wenn es donnert, dann sei dies der Wagen des Thors, den er durch den Himmel lenkt. Gott Thor ist bis heute wohl weltweit einer der bekanntesten Götter der germanischen Mythologie – auch dank Hollywood und Comic-Fans. Die Riesen, vor denen er Asgard beschützt, waren seine größten Feinde, allerdings gibt es immer mal wieder Legenden, in denen die Riesen Thor gegenüber freundlich gestimmt sind oder sogar eine Liebelei mit ihm anfangen. Die meisten Geschichten allerdings erzählen vom Kampf mit den Riesen und von Thors Versuch, die die Welt umspannende Midgardschlange, eine Seeschlange, die im Urozean lebt, zu besiegen. Die Riesen würdigen Thors Mut, der ihn nie verlässt, egal, in welche Situation er auch gerät. Auch wenn Thor in der einen oder anderen Erzählung beschämt wird, verlässt ihn nie das Vertrauen in sich selbst. In einer der Legenden verwandelt er sich in einen jungen Mann und fragt einen Riesen, ob er mit diesem angeln könne, um die Midgardschlange zu besiegen. Der Riese erkennt Thor nicht und nimmt ihn unter der Bedingung mit, dass er seinen eigenen Köder mitbringt. Als Köder wählt Thor den Kopf eines Ochsen, und obwohl die Schlange Urkräfte besitzt, kann Thor sie ein Stück aus dem Wasser ziehen. Doch der Riese vereitelt diesen Versuch, indem er die Angelschnur kappt, da er befürchtet, dass die Welt aus den Fugen geraten könnte, wenn die Schlange ihren eigenen Schwanz nicht mehr in ihrem Maul und damit die Welt im Gleichgewicht hält. Thor verliert sein Vertrauen daraufhin nicht und macht sich stattdessen mit seinen Begleitern auf zur gewaltigen Burg des Riesenkönigs. Hier wollen sie sich mit den Riesen messen und diese besiegen, jedoch versagt jeder der Begleiter Thors. Als Thor an der Reihe ist, ist er zuversichtlich, seine Aufgabe zu bewältigen. Als Erstes soll er ein Trinkhorn mit Met leeren, was jedem Riesen in drei Zügen gelingt. Thor scheitert, obwohl er beim dritten Zug schon den Boden sehen kann. Als Zweites soll er die Katze des Riesenkönigs anheben, doch es gelingt ihm lediglich, eines ihrer Beine vom Boden zu lösen. In der dritten Aufgabe soll er mit der alten Amme des Riesenkönigs ringen, doch je heftiger er gegen sie kämpft, desto standhafter wird diese. Obwohl Thor in den Wettkämpfen versagt, verliert er seine Zuversicht nicht, und am nächsten Morgen begleitet ihn der Riesenkönig aus seiner Burg hinaus. Etwas entfernt von der Burg gesteht der Riese Thor, dass dieser auf einen Zauber hereingefallen sei, er den Riesen aber durch seine Stärke, sein Vertrauen und seinen Mut einen großen Schrecken versetzt hätte und sie nun alle auf der Hut vor ihm sein würden. Denn Thor hatte keinen Met getrunken, sondern fast den ganzen Ozean geleert, zudem hat er die in eine Katze verwandelte Midgardschlange angehoben und gegen das Alter gekämpft, das sogar den Stärksten unter den Riesen besiegt. Als Thor das hört, will er den Riesen erschlagen, jedoch ist dieser zu schnell und verschwindet durch einen Zauber.

Thor erhält gleichwohl noch einmal die Chance, die Schlange zu besiegen, und zwar im Kampf um das Ende der Welt, Ragnarök. Hier erschlägt Thor sie, nachdem sie mit ihrem Gift die Meere und die Luft verpestet hat. Nichtsdestotrotz stirbt er selbst kurz darauf, da das Tier auch ihn vergiftet hat. Woran es Thor jedoch nie mangelte, war Vertrauen in sich und seine Kraft. Dieses Vertrauen gründete nicht auf seiner vermeintlichen Unfehlbarkeit, sondern auf der Einstellung, dass er sich von gemachten Fehlern nicht daran hindern ließ, noch größer zu werden und weiter seinem Weg zu folgen. Man könnte nun mutmaßen, dass Götter keine Fehler machten oder womöglich auch nie an sich zweifelten, jedoch erzählt die Mythologie der Wikinger sehr wohl von genau solchen Geschichten, um zu zeigen, dass wir aus dem Zweifel oder der Sorge lernen und wie Thor wieder Kraft schöpfen können, um unseren Weg mit Bestimmtheit weiterzuverfolgen. Natürlich sollten unsere Schritte nie unüberlegt sein, jedoch sollten wir nach jedem Zweifel vertrauensvoll weitergehen – das ist es, was wir aus Thors Geschichten lernen können. Wie schön wäre es doch, frei von Angst vertrauen zu können. Die Enttäuschungen, die wir erfahren haben, haben uns den Weg geebnet und uns zu der Person gemacht, die wir heute sind. Jedoch bremsen wir uns aus und hintergehen uns sogar selbst in unserem kraftvollen Lebensplan, wenn wir nach einer Niederlage nicht wieder ins Vertrauen gehen. Natürlich ist es vollkommen verständlich, wenn wir eine Weile die eigenen Wunden lecken, Traurigkeit und Enttäuschung spüren, jedoch sollten wir uns davon nicht lähmen, abhalten oder gar in die Einsamkeit verbannen lassen. Thor möchte uns dabei helfen, uns wieder mit einem Gefühl von Vertrauen aufzuladen und Vorwürfe und Zweifel achtsam beiseitezuschieben. Es geht nicht darum, jegliches Vertrauen abzugeben und es in die Hände der Götter zu legen, sondern darum, aus dem Vertrauen, das Thor in sich selbst hatte, zu lernen und uns durch sein Sein ermutigen zu lassen, stärker von uns und unserem

Weg überzeugt zu sein. Oft haben wir das Gefühl, dass dies womöglich egoistisch sein könnte. Jedoch können wir auch hier von Thor lernen, dass ein Pfad, den wir gelenkt durch unsere Egos gehen, ein Weg ist, der von unserem eigentlichen Seelenweg wegführt und diesen nicht bestärkt. Aus der Stärke Thors dürfen wir für uns erfahren, dass wir kraftvoll sein können und uns nicht von Angst oder Starrsinn ausbremsen lassen müssen. Du darfst in jeder Situation genau den Schritt tun, der für dich stimmig ist, und eine erleichternde Sicherheit in dir spüren.

LICHTREISE

Bevor du mit der Lichtreise beginnst, baue einen heiligen Platz für dich auf.[1] Entzünde eine Kerze, mache schöne, beruhigende Musik an, und lasse den Alltag für einen Moment hinter dir.

Mache es dir bequem, schließe die Augen, und atme ganz bewusst ein und aus. Spüre genau nach, wo in deinem Körper du dich befindest. Komme vollkommen zur Ruhe. Gleite in den inneren Raum deines Herzens. Gehe immer tiefer an deinen inneren geistigen Ort.

Du schreitest einen Weg entlang. Er führt dich am Weltenbaum Yggdrasil vorbei und hin zu einem heiligen Hain. Du fühlst dich vollkommen sicher und geborgen. Nimm wahr, wie sich der Weg unter deinen Füßen anfühlt, rieche die Na-

---

1 Eine Anleitung zum Aufbau eines heiligen Platzes findest du auf Seite 122 ff.

tur um dich herum, und höre, wie der Wind Blätter aufwirbelt. Du spürst, dass deine Seele diesen Ort schon lange kennt und du eine vertraute Verbindung zu dieser Situation hast. Der Weg führt dich direkt in den heiligen Hain, der von der Sonne durchflutet ist und auf den die Blätter der Bäume ihre Schatten werfen. In der Mitte des Hains steht ein wunderschöner, groß gewachsener und starker Wikinger.

Du erkennst, dass es der Gott Thor ist, denn in seiner Hand hält er seinen magischen Hammer, Mjölnir. Thor winkt dich zu sich. Obwohl er eine imposante Erscheinung ist, fühlst du dich nicht verängstigt, als du vor ihm stehst, sondern ganz sicher und geborgen. Begrüßt euch auf eine dir angenehme Art und Weise, und spüre, wie du dich augenblicklich ganz bei dir fühlst. Eure Augen treffen sich, und du erkennst, dass sich eure Seelen schon lange kennen. Gemeinsam tretet ihr zu einem umgefallenen Baum in der Mitte des Hains und setzt euch, Thors Gewicht sorgt dabei für eine kleine Erschütterung. Er spricht zu dir: »Geliebtes Wesen, ich danke dir, dass du den Weg zu mir zurückgefunden hast. Ich möchte dir helfen, ins Vertrauen zu kommen. Dein Vertrauen kann durch viele Erfahrungen oder auch nur durch eine einzige verletzt worden sein. Es fühlt sich an wie eine Wunde, die sich in deinem ganzen Körper ausbreitet und dich verzweifeln lässt. Es fühlt sich an, als hätte sich eine Fessel um dein Herz gelegt. Es ist die Angst, dass dein Vertrauen wieder verletzt werden könnte. Ich möchte dir heute helfen, wieder Vertrauen in dir zu spüren. Es ist an der Zeit, zurück in diese Welt zu kommen und kraftvoll deinen Weg zu gehen. Entscheide für dich, welcher der kommenden Schritte der richtige ist.«

Thor streckt seine große Hand aus und fragt dich, ob er dich berühren darf, denn er möchte das Gefühl des Vertrauens in dir wiedererwecken und befreien. Er fragt dich: »Vertraust du mir?«

Spüre, wie Thor seine große, warme Hand auf deine Brust legt und augenblicklich ein Gefühl von tiefem Vertrauen in dir erwacht. Erlebe, wie sich Mauern und Blockaden, die du aufgrund von Verletzungen errichtet hast, auflösen und du durchatmen kannst. Die Erinnerung an diese Erfahrungen bleibt als Lehrmeister bei dir, jedoch kannst du zulassen, dass die Verletzung heilt und sich das Vertrauen durch die Wärme in Thors Hand in dir ausbreitet und in deinem ganzen Körper manifestiert. Jeglicher Stress und jegliche negativen Einflüsse fallen von dir ab, und du erlebst, dass du nicht mehr zweifelst, sondern vertraust.

Thor beschützt dich hier in dieser Situation, und ein Gefühl von Wohlempfinden darf dich durchströmen. Du erlebst, dass du ganz bei dir ankommst und es dir nun leichter fällt, abzuwägen und Entscheidungen zu treffen.

Thor spricht zu dir: »So, wie du mir hier und jetzt vertraut hast, kannst du nun dir selbst vertrauen. Dieses Gefühl der Geborgenheit ist wie ein Loslassen, da du weißt, dass nichts

Schlimmes passieren wird. Hier bist du fernab von Stress und negativen Einflüssen.«

Dein Licht kennt dieses Gefühl von Vertrauen, und du darfst dies wieder zulassen. Du kannst die Kontrolle loslassen und dich deiner Zuversicht hingeben. Thor erinnert dich lediglich daran, wie sich das anfühlt, und schon spürst du, wie du durchflutet wirst. Es geht nicht darum, all dein Vertrauen abzugeben und es in die Hände der Götter zu legen, sondern darum, dich selbst zu ermutigen, in dieses berauschende Gefühl der Losgelöstheit zu gehen und von dir selbst überzeugt sein zu dürfen.

Dir fällt jetzt erst auf, dass Thor seine Hand schon lange von deiner Brust gelöst hat und du trotzdem noch immer dieses schöne, heilsame Gefühl in dir verspürst.

Thor spricht zu dir: »Du kannst jederzeit zu mir zurückkehren, wenn du daran erinnert werden möchtest, dass du vertrauen kannst. Du weißt aber schon jetzt mit Sicherheit, dass du immer mit mir verbunden bist und deinen Weg vertrauensvoll gehen kannst.«

Verabschiede dich von Thor auf eine dir angenehme Art und Weise. Es ist nun der Moment gekommen, ins Hier und Jetzt zurückzukehren. Du atmest dich von innen nach außen und nimmst dich zurück in der Wirklichkeit wieder ganz wahr.

THOR zeigt sich so, wie er wirklich ist, mit all seinen Fähigkeiten, aber auch mit seinen Lastern. Es geht darum, in sich zu vertrauen und sich selbst anzunehmen, ohne sich zu verstecken. Sich so zu zeigen und auch so wahrgenommen zu werden, wie wir wirklich sind, kann eine Herausforderung sein, allerdings kann es auch eine großartige Übung sein: Stelle oder setze dich vor einen Spiegel, und sieh dich mindestens drei Minuten lang an. In dieser Zeit geht es nicht darum, dich zu verurteilen oder zu überlegen, was du besser machen könntest, sondern nur darum, dich zu sehen und zu erkennen. Sieh, wer du bist und was du von dir zeigst, und spüre, wo genau in deinem Körper dein Vertrauen sitzt. Halte deine Hand auf diese Stelle, und nähre sie mit deiner warmen Hand, damit das Vertrauen deinen ganzen Körper erreicht. Wiederhole die Übung immer wieder, auch wenn du bereits vollkommen vertraust.

⤜◉⤛ VERTRAUENSRITUAL

**Das folgende Ritual unterstützt dich dabei,
alte Verletzungen zu heilen, Kontrolle loszulassen und
Vertrauen in dein Leben zu haben.**

Für dieses Ritual benötigst du:
- flüssigen Honig
- 1 Einweckglas
- 1 kleines Stück Holz (auf das du eine
  Rune ritzen kannst und das in das Glas passt)
- 1 Messer

✶ Horche in dich hinein, und frage dich, warum du heute
dieses Ritual durchführen möchtest. Welche Absicht hast
du?

✶ Setze dich in der Natur oder zu Hause an deinen Altar:
Baue einen Kreis, einen heiligen Platz auf, in dem du die
Anrufungen (siehe Seite 122 ff.) aussprichst. Konzentriere
dich auf das, was du vorhast, und lasse dich nicht durch
Dinge im Außen wie das Telefon oder etwas Ähnliches
ablenken.

✶ Entzünde deine Altarkerze oder ein kleines Feuer, wenn
du in der Natur bist. Mache dir bewusst, dass dies dein
inneres Feuer ist, dein Licht sowie das göttliche Feuer.

✳ Wenn du möchtest, kannst
du jetzt die Utensilien für
dieses Ritual mit Weihrauch
oder Salbei räuchern.

✳ Ritze in das kleine Holzstück die
Rune Hagalaz[2] ein, und mache dir
dabei bewusst, dass dich dieses Zeichen dabei unterstützt,
alle Verletzungen, die dein Vertrauen betreffen, zu heilen
und alle Mauern, die du um dein Herz aufgebaut hast,
einzureißen. Es hilft dir, Kontrolle aufzugeben und die
Freiheit des Vertrauens zu genießen. Mache dir keine Vorwürfe, und mache dich nicht klein. Dieses Ritual macht
nichts ungeschehen, aber es hilft dir, die Vertrauensenergi-
en zu entfesseln.

✳ Spüre, dass es jetzt an der Zeit ist, dass dein Vertrauen
heilt, und lege die Rune in das Glas.

✳ Lasse nun ganz langsam den Honig auf die Rune fließen,
bis sie ganz bedeckt ist, und sprich folgende Worte laut aus:
»Hiermit nähre ich mein Vertrauen in mich und die Welt,
und ich lasse dieses zu – mit der Unterstützung der Kraftquelle, die in allem sprudelt. Ich bin es wert zu vertrauen
und, dass sich die schweren Energien nun transformieren.

---

2   Für einen tieferen Einblick in die Runenkunde empfehle ich dir das Buch
     »Runenrituale für die alltägliche Praxis« von Antara Reimann (erschienen im
     Schirner Verlag).

Mir ist bewusst, dass ich eine Wahl habe, und ich erlaube mir, vertrauensvoll in die kommende Zeit zu treten. Ich lasse die Kontrolle los und gestatte mir, sorgenfrei zu hoffen. Ich danke den alten Göttern und meinen Verbündeten dafür, dass sie Zeugen meines Pfades sind. Ich trage die Verantwortung für mich selbst und lasse alles frei, was mir nicht mehr dienlich ist.«

✶ Nun verschließe das Glas, und stelle es genau ein Jahr lang in die Sonne, ohne es zu kontrollieren. Nach einem Jahr öffne das Glas, und übergib den Inhalt Mutter Erde.

✶ Danke den Energien und dir selbst für die Schritte, die du gerade getan hast.

✶ Lasse den heiligen Raum sich wieder auflösen, und komme ganz zurück in deinen Alltag.

Göttin Freya –

SICH ETWAS GÖNNEN DÜRFEN

Die Göttin Freya gehörte zum Geschlecht der Vanen. Sie war die schönste und ist bis heute wohl die bekannteste germanische Göttin. Ihr wurden das Glück, die Liebe, die Sinnlichkeit und die Fruchtbarkeit zugeschrieben. Freya war zum einen Erdmutter, zum anderen Mondgöttin und so schön, dass sie von jedem begehrt wurde, der sie erblickte. Sie war dazu die Zauberkundigste unter allen Göttern und Göttinnen. Aus ihrem Haar sollen Frühlingsblumen gerieselt und ihre Tränen aus Gold und Bernstein gewesen sein. Die Göttin liebte Schmuck und Geschmeide, und sie besaß viel Gold. Doch Freya nahm sich nicht einfach, weil sie eine Göttin war, sondern sah immer auch den Wert hinter den Dingen. So war es auch bei dem kostbaren Halsband Brisingamen, das von Zwergen geschmiedet worden war. Durch die Vereinigung mit vieren dieser Zwerge erwarb sie dieses kraftvolle Zauberhalsband für sich. Auch wird berichtet, dass sie und ihr Zwillingsbruder Frey zwei heilige goldene Eber ritten, die ebenfalls von den Zwergen gefertigt worden waren, und dass sie sich in diese verwandeln konnten. Zudem besaß Freya einen Streitwagen, der von zwei Katzen gezogen wurde, und sie war die Anführerin der Walküren. In ihrem prächtigen Palast in Asgard gab es eine magische Halle, in der sie ehrenhafte und mutige Krieger, die in der Schlacht gefallen waren, aufnahm. Darüber hinaus gehörte ein magischer Falkenfedermantel zu ihrem Eigentum. Wenn sie sich diesen umwarf, verwandelte sie sich in einen Falken und konnte in ferne Länder reisen, um über die Menschen zu wachen. Diese Gestaltwandel machten sie zu einer der beeindruckendsten Göttinnen, denn diese Fähigkeit besaß darüber hinaus nur der Gott Odin. Freya war auch in der Kunst der Seherin, Völva, eingewiesen, konnte in die Zukunft schauen und lehrte dies die Asen. Sie genoss es, Liebesgedichte von ihren Verehrern zu hören oder diese selbst zu rezitieren. Wenn man Hilfe in Liebesdingen benötigt, dann ist sie die Göttin, die man rufen sollte.

Freya zeigt uns, wie wichtig es ist, sich selbst wertzuschätzen, sich etwas zu gönnen und zu erleben, dass jeder es wert ist, sich Selbstfürsorge zukommen zu lassen. Erkenne durch die Legenden Freyas, dass dein Selbstwertgefühl ein Grundstein deines Seins ist. Dich selbst wertzuschätzen, heißt, dich zu jeder Zeit positiv zu bewerten und dies nicht von deinem Verhalten abhängig zu machen. Du darfst dir selbst gegenüber positiv gestimmt sein, und zwar immer, denn dann respektierst und akzeptierst du dich. Diesen Wert anzuerkennen, zu sehen und zu zeigen, ist sehr kostbar für dich. Freya erinnert dich daran, dass du dir dies erlauben darfst. Auch geht es darum, den Wert jedes einzelnen Menschen zu erkennen. Dies kann eine Herausforderung sein, denn nicht immer ist dieser Wert gleich ersichtlich oder zu spüren, doch die Akzeptanz hilft dabei. In dem Augenblick, in dem wir uns selbst akzeptieren, wachsen unsere Selbstachtung und unser Selbstwertgefühl, und dann können wir auch andere Menschen bedingungslos akzeptieren und respektieren. So schaffen wir durch unseren eigenen Selbstwert ein festes Fundament, um unseren Weg selbstbestimmt, furchtlos und vertrauensvoll zu gehen und noch mehr in die eigene Kraft zu kommen. Indem du deine eigene Persönlichkeit wertschätzt, baust du deinen eigenen Selbstwert auf, denn sich wertvoll fühlen bedeutet, auch all seine Stärken und Schwächen anzunehmen. Es geht nicht darum, sich nur auf die Schwächen zu fokussieren und die Stärken zu verharmlosen. Lobe deine Stärken, und missachte deine Schwächen nicht, sondern nutze diese konstruktiv. Indem wir die eigenen Schwächen anerkennen und das sehen, was wir durch sie lernen durften, können wir wiederum Stärke aus ihnen ziehen und uns noch stärker wertschätzen. Sieh dich selbst, und sieh das Wunder, das du bist.

LICHTREISE

Bevor du mit der Lichtreise beginnst, baue einen heiligen Platz für dich auf.[3] Entzünde eine Kerze, mache schöne, beruhigende Musik an, und lasse den Alltag für einen Moment hinter dir.

Mache es dir bequem, schließe die Augen, und atme ganz bewusst ein und aus. Spüre genau nach, wo in deinem Körper du dich befindest. Komme vollkommen zur Ruhe. Gleite in den inneren Raum deines Herzens. Gehe immer tiefer an deinen inneren geistigen Ort.

Du gehst einen Weg entlang. Er führt dich am Weltenbaum Yggdrasil vorbei und hin zu einem heiligen Hain. Du fühlst dich vollkommen sicher und geborgen. Nimm wahr, wie sich der Weg unter deinen Füßen anfühlt, rieche die Natur um dich herum, und höre, wie der Wind Blätter aufwirbelt. Du spürst, dass deine Seele diesen Ort schon lange kennt und du eine vertraute Verbindung zu dieser Situation hast. Der Weg führt dich direkt in den heiligen Hain, der von der Sonne durchflutet ist und auf den die Blätter der Bäume schöne Schatten werfen.

In der Mitte steht eine wunderschöne Frau, die ein magisch funkelndes Halsband und einen Mantel aus Falkenfedern trägt. Du erkennst, dass es die Göttin Freya ist. Sie winkt dich zu sich. Als du vor ihr stehst, spürst du, dass sie dir liebende Wertschätzung entgegenbringt, dich nicht bewertet und dein magisches Licht sieht.

---

3   Eine Anleitung zum Aufbau eines heiligen Platzes findest du auf Seite 122 ff.

Ihr begrüßt euch auf eine dir angenehme Art und Weise, und du spürst, wie du dich augenblicklich ganz bei dir fühlst. Eure Augen treffen sich, und du erkennst, dass sich eure Seelen schon lange kennen. Gemeinsam tretet ihr in die Mitte des Hains und setzt euch einander gegenüber auf das weiche Moos. Das Sonnenlicht fällt auf euch, und die Wärme von Mutter Erde steigt auf. Du fühlst dich vollkommen geborgen. Freya sprich zu dir: »Geliebtes Wesen, ich danke dir, dass du den Weg zu mir zurückgefunden hast. Ich möchte dir helfen, dich an deinen eigenen Wert zu erinnern und dich selbst mehr wertzuschätzen. Oft machen wir uns mit unseren eigenen Gedanken klein oder suchen einen Makel, weil wir vergessen haben, wie wichtig es ist, sich selbst wertzuschätzen. Sich selbst zu erkennen und zu sehen, dass wir auch ohne äußere Umstände etwas wert sind, lassen wir aus einem unbestimmten Grund nicht zu. Es ist, als würde ein Programm in uns verhindern, dass wir unser schönes und strahlendes Licht sehen und dieses wertschätzen. Es ist oft so viel einfacher, zu verurteilen und Fehler zu finden, als neutral zu sein und objektiv zu erkennen, dass du deinen einzigartigen Weg gehst und wertvoll bist. Dies wieder ganz in dir wahrzunehmen, lässt dein Fundament stark werden – und du kannst furchtlos deinen strahlenden Weg gehen.«

Freya streift ihren wunderschönen Federmantel ab und fragt dich, ob du bereit bist, denn sie möchte das Gefühl von Selbstwert in dir stärken und die alten Programme aus dir herauslösen. Gib ihr ein Zeichen. In diesem Moment schwingt sie ihren Mantel und legt ihn über deine Schultern. Ihr Mantel hüllt dich ein und schenkt dir ein Gefühl von Geborgen-

heit. Du erlebst, wie dein Selbstwert stärker wird, du dich auf-
richtest, annimmst und respektierst. Du atmest tief durch und
spürst, dass die Federn des Mantels wie kleine Antennen sind
und die Programme, die du in dir abgespeichert hast und die
dich davon abhalten, dich selbst zu lieben und zu akzeptieren,
aus dir gelöst werden. Erlebe, wie sie sich mühelos aus dir lösen und an Mutter Erde abgegeben werden. Es ist, als würdest
du dich selbst in unendliche Höhen tragen wollen. Ein Gefühl
von unfassbarer Schönheit und Selbstannahme erwacht in dir.

Nimm wahr, wie sich dieses Gefühl in dir ausbreiten
darf. Erlebe, wie das Gedankenkarussell stehen
bleibt und du dich selbst ohne Wenn und
Aber annehmen kannst. Du kannst dich
respektieren und anerkennen.

Freya beschützt dich hier in dieser
Situation. Du erlebst, dass du ganz
bei dir ankommst und es dir nun viel
leichter fällt, dich wirklich zu sehen,
zu akzeptieren und dir selbst dieses
Licht zu gönnen.

Freya spricht zu dir: »So, wie du dich
hier und jetzt wertschätzt, kannst du nun
deinen Selbstwert auch in deinem Alltag
erkennen und leben. Dieses Gefühl ist das Fundament deines selbstbestimmten Lebenspfades. Du
darfst wissen, dass du ein wunderschönes Licht bist, das es
verdient, von dir wertgeschätzt zu werden. Dein Licht kennt
dieses Gefühl der Selbstachtung, und du darfst dies wieder

zulassen. Du kannst jegliche Bewertung loslassen und dich deiner Liebe für dich ganz hingeben.«

Freya erinnert dich lediglich daran, wie sich dein Selbstwert anfühlt, und du spürst, wie du von diesem Gefühl durchflutet wirst. Es geht nicht darum, deinen Wert durch die Götter zu erfahren, sondern darum, deine eigene Göttlichkeit zu erkennen und diese zu feiern.

Dir fällt jetzt erst auf, dass Freya ihren Mantel wieder selbst trägt. Trotzdem spürst du noch immer dieses schöne heilsame Gefühl in dir.

Freya spricht zu dir: »Du kannst jederzeit zu mir zurückkehren, wenn du daran erinnert werden möchtest, dass du wertvoll bist. Du weißt allerdings schon jetzt mit Gewissheit, dass du deinen Wert erkennst und dich akzeptieren kannst.«

Verabschiede dich von Freya auf eine dir angenehme Art und Weise. Nun ist der Moment gekommen, ins Hier und Jetzt zurückzukehren. Du atmest dich von innen nach außen und nimmst dich zurück in der Wirklichkeit wieder ganz wahr.

KURZÜBUNG

FREYA möchte dich daran erinnern, dass du ein wertvoller Mensch bist und du dich selbst wertschätzen darfst. Es geht darum, dich selbst zu akzeptieren und zu respektieren. Nimm heute alle deine Gedanken mit einem gewissen Wohlwollen wahr, und lasse sie an dir vorbeiziehen. Egal, was heute passiert, versuche, nichts in die Vorkommnisse hineinzuinterpretieren oder etwas zu bewerten, sondern nimm deinen Tag ganz objektiv wahr. Sei achtsam mit dir, betrachte deine Gedanken mit einem wohlwollenden Auge, und versuche, dich nicht in Negativität hineinziehen zu lassen. Auf diese Weise übst du, nicht in einen gedanklichen Mangel zu kommen und dich selbst mehr wertzuschätzen. Versuche dies so lange jeden Tag, bis es dir mühelos gelingt. Und verurteile dich nicht, wenn du einmal einen schlechten Tag hast.

❊ WERTSCHÄTZUNGSRITUAL

**Das folgende Ritual unterstützt dich dabei,
alte Programme der Selbstverachtung zu lösen und
Selbstachtung in dein Leben zu lassen.**

Für dieses Ritual benötigst du:

- 1 Wanne[4]
- Rosen-, Ringelblumen- und Eisenkrautblüten
- 1 kleines Stück Holz (auf das du eine Rune ritzen kannst und das in deine Hosentasche passt)
- 1 Messer

✳ Horche in dich hinein, und frage dich, warum du heute dieses Ritual durchführen möchtest. Welche Absicht hast du?

✳ Errichte einen kleinen Altar neben deiner Badewanne, baue einen Kreis, einen heiligen Platz auf, in dem du die Anrufungen (siehe Seite 122 ff.) aussprichst. Konzentriere dich auf das, was du vorhast, und lasse dich nicht durch Dinge im Außen wie das Telefon oder etwas Ähnliches ablenken.

✳ Entzünde deine Altarkerze, und mache dir bewusst, dass dies dein inneres Feuer ist, dein Licht sowie das göttliche Feuer.

---

4   Falls du keine Wanne hast, dann mache ein Fußbad.

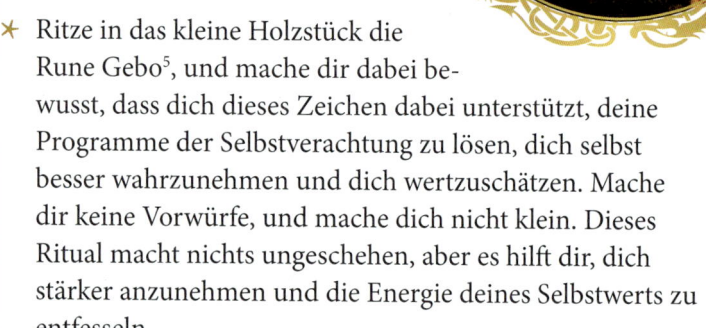

* Wenn du möchtest, kannst du jetzt die Utensilien für dieses Ritual mit Weihrauch oder Salbei räuchern.

* Ritze in das kleine Holzstück die Rune Gebo[5], und mache dir dabei bewusst, dass dich dieses Zeichen dabei unterstützt, deine Programme der Selbstverachtung zu lösen, dich selbst besser wahrzunehmen und dich wertzuschätzen. Mache dir keine Vorwürfe, und mache dich nicht klein. Dieses Ritual macht nichts ungeschehen, aber es hilft dir, dich stärker anzunehmen und die Energie deines Selbstwerts zu entfesseln.

* Spüre, dass es jetzt an der Zeit ist, dass dein Selbstwertgefühl heilt, und lege die Rune in die Wanne.

* Lasse nun Wasser mit einer dir angenehmen Temperatur in die Wanne ein, streue die Blüten hinein, und sprich folgende Worte laut aus: »Hiermit nähre ich meinen Selbstwert, meine Selbstakzeptanz und mein Licht, und ich lasse dies zu – mit der Unterstützung der Kraftquelle, die in allem sprudelt. Ich bin wertvoll, erkenne dies und lasse nun zu, dass sich die schweren Energien transformieren. Mir ist bewusst, dass ich eine Wahl habe, und ich erlaube

---

5   Für einen tieferen Einblick in die Runenkunde empfehle ich dir das Buch »Runenrituale für die alltägliche Praxis« von Antara Reimann (erschienen im Schirner Verlag).

mir, mich wertvoll zu fühlen. Ich lasse die Verachtung und Bewertung los und gestatte mir, mich selbst zu sehen und zu zeigen. Ich danke den alten Göttern und meinen Verbündeten dafür, dass sie Zeugen meines Pfades sind. Ich trage die Verantwortung für mich selbst und lasse alles frei, was mir nicht mehr dienlich ist.«

* Nun lege dich in die Wanne, und spüre, wie das Wasser deinen Körper reinigt und die Wärme deinen Selbstwert erweckt.

* Nach Beendigung des Bades nimm die Blüten, verstreue sie in der Natur, und stecke die Rune als Erinnerung an deinen eigenen Wert in deine Hosentasche.

* Danke den Energien und dir selbst für die Schritte, die du gerade getan hast.

* Lasse den heiligen Raum sich wieder auflösen, und komme ganz zurück in deinen Alltag.

Gott Loki –

FREUDE IN DEIN LEBEN EINLADEN

Gott Loki gehörte weder zum Göttergeschlecht der Asen noch zu den Wanen. Seine Eltern waren Riesen, und mit Gott Odin verband ihn ein heiliges Band der Blutsbruderschaft. Er galt als der Trickreiche, der originelle Ideen hatte und etwas von Magie verstand. Er war schön und anziehend, jedoch hatte er auch die schlimmsten Stimmungsschwankungen, die man sich vorstellen kann. Mit Loki an seiner Seite muss man aufpassen, nicht ausgetrickst zu werden, jedoch ist er ein wunderbarer Unterstützer, wenn es darum geht, von anderen nicht aufs Glatteis geführt zu werden.

Loki manövriert sich in vielen Legenden in verzwickte Situationen. So ließ er sich einmal von einem Riesen fangen und sollte nur wieder freigelassen werden, wenn er diesem die Göttin Idun, die Göttin der ewigen Jugend, bringen würde, die den Göttern in Asgard ewige Jugend und Unsterblichkeit verlieh. Dies gelang ihm durch eine List, jedoch alterten nun die Götter und zwangen ihn, Idun wieder zu befreien. Loki verwandelte sich mithilfe des Falkenmantels der Freya in einen Falken und flog in die Burg des Riesen. Hier nutzte er seine Magie und verwandelte Idun in eine Nuss, um sie greifen und so unbeschadet zurück nach Asgard bringen zu können. Doch dies blieb vom Riesen nicht unbemerkt, er nahm die Gestalt eines Adlers an und verfolgte die beiden. Indessen sahen die anderen Götter den herannahenden Loki und die Göttin in ihrer verwandelten Gestalt und ließen den Adler in Flammen aufgehen. So hatten sie nicht nur die Göttin wieder, sondern auch einen der furchterregendsten Riesen besiegt. Loki war kein Kind von Traurigkeit und hatte mehrere Liebeleien, aus denen Kinder hervorgingen. Er ist als Vater der Midgardschlange bekannt, die von Gott Thor in Ragnarök endgültig besiegt wurde, aber auch Thor in diesem Kampf tödlich verletzt. Die Midgardschlange und zwei weitere Kinder Lokis waren erbitterte Feinde der Asen. Doch Loki hatte auch Kinder, die ein Segen für die Götter waren, so wie das Pferd Sleipnir.

Durch eine List verhalf Loki Asgard einst zu prunkvollen Palästen, ohne dafür die vereinbarte Gegenleistung zu erbringen, denn er verwandelte sich kurz vor der Fertigstellung in eine rossige Stute und verführte das Pferd, das dem Riesen, der die Paläste gebaut hatte, geholfen hatte, damit diese nicht fertig wurden. Doch Loki wurde trächtig und trug das Fohlen Sleipnir aus, das das achtfüßige Lieblingspferd des Odin wurde.

Loki war eifersüchtig auf Balder, den sanftmütigsten und beliebtesten aller Götter und Sohn des Odin. Loki wusste, dass es die Mistel war, die den vermeintlich unbesiegbaren Gott Balder tödlich verletzen konnte, und brachte den blinden Hödur dazu, im Spiel einen Pfeil aus den Zweigen der Mistel auf Balder zu schießen, der ihn so tötete. Balders Tod konnte nicht mehr ungeschehen gemacht werden, und so wurde Loki von den Göttern verfolgt, die ihn bestrafen wollten. Er versteckte sich lange erfolgreich, doch schließlich fingen ihn die Götter. Sie stellten ihn in einer Höhle auf einen spitzen Stein und befestigten eine Giftschlange über ihm, aus deren Kiefer Gift auf seinen Kopf tropfte, um ihn langsam sterben zu lassen. Jedoch war es seiner Ehefrau erlaubt, ihm zu helfen. Sie hielt eine Schale über seinen Kopf, um das Gift aufzufangen. Letztlich konnte sich Loki zum Weltenende befreien und kämpfte dort mit den Riesen gegen die Götter, doch er wurde im Kampf getötet.

Loki war den anderen Göttern nicht ganz geheuer, denn durch seine Magie konnte er das Geschlecht wechseln und sich in jedes beliebige Tier verwandeln. Besonders gern verwandelte er sich in ein Insekt, um seine Späße zu treiben. Zudem besaß er Schuhe, mit denen er durch die Luft und über das Wasser spazieren konnte. Loki war nicht nur listenreich, sondern auch immer für einen Scherz zu haben. Er lehrt uns, dass wir Herausforderungen, die sich uns im Leben zeigen, mit einem Lächeln im Gesicht viel müheloser bewältigen. Lokis Legenden zeigen uns, dass wir uns, wenn wir unsere Schwingung durch Freude und Lachen erhöhen, viel müheloser auf dem Pfad unserer Seele bewegen können. Oft scheint es der einfachere Weg zu sein, uns von einer negativen Gedankenspirale herunterziehen zu lassen, und wir vergessen, dass unsere Energie unserer Aufmerksamkeit folgt. Wir meinen dann, es sei besser, nicht zu viel zu erwarten, um nicht enttäuscht zu werden. Jedoch zeigt uns Loki, dass Freude eine aufbauende Kraft ist, die Wachstum bedeutet und die unser ganzes Sein erfüllen kann. Unsere Gefühle sind die Pflastersteine unseres Seelenweges, und Freude zu spüren, zu leben und zu zeigen, bedeutet, Vertrauen in seinen Weg zu haben. Lebensfreude schenkt uns die Möglichkeit, uns selbst zu entdecken und unser Leben zu erfüllen. Mit Lebensfreude wird unser Leben bunter. Mit ihr hat die Angst keinen Platz, und es ist müheloser, Kurs auf das zu setzen, was wir wollen. Deine Sichtweise auf die Dinge verändert die Dinge selbst. Wenn du positiv, fröhlich und beschwingt an Dinge herangehst oder davon ausgehst, dass dir positive Dinge widerfahren werden, dann hast du eine höhere Schwingung und strahlst Leichtigkeit aus. Deine Ausstrahlung und auch deine Wirkung auf andere Menschen verändern sich, und dir wird auffallen, dass dir immer neue Möglichkeiten und Wege aufgezeigt werden. Oft vergessen wir, dass die angenehmen Gefühle eine große Rolle in unserem Leben spielen dürfen. Natürlich steht dir das Traurigsein zu und darf gelebt werden, jedoch können wir uns leicht in einem Netz aus negativen und düsteren Gedanken verfangen und viel länger darin verweilen, als wir es wollen. Loki erinnert uns daran, dass wir diese Zeit wertschätzend hinter uns lassen und unsere Schwingung durch Freude erhöhen dürfen, denn: Jeder ist seines Glückes Schmied.

LICHTREISE

Bevor du mit der Lichtreise beginnst, baue einen heiligen Platz für dich auf.[6] Entzünde eine Kerze, mache schöne, beruhigende Musik an, und lasse den Alltag für einen Moment hinter dir.

Mache es dir bequem, schließe die Augen, und atme ganz bewusst ein und aus. Spüre genau nach, wo in deinem Körper du dich befindest. Komme vollkommen zur Ruhe. Gleite in den inneren Raum deines Herzens. Gehe immer tiefer an deinen inneren geistigen Ort.

Ein Weg zeigt sich dir. Er führt dich am Weltenbaum Yggdrasil vorbei zu einem kleinen plätschernden Bächlein. Du fühlst dich vollkommen sicher und geborgen. Nimm wahr, wie sich der Weg unter deinen Füßen anfühlt, rieche die Natur um dich herum, und höre, wie der Wind Blätter aufwirbelt. Du spürst, dass deine Seele diesen Ort schon lange kennt und du eine vertraute Verbindung zu dieser Situation hast. Der Weg führt dich zu einem kleinen Steg an dem Bächlein. Hier sitzt Loki in einer Gestalt, die dir wohlbekannt und angenehm ist. Er winkt dich zu sich und deutet auf den Platz neben sich. In dem Moment, als du neben ihm sitzt, spürst du, dass Loki dir unermessliche Freude und Fröhlichkeit entgegenbringt. Ihr begrüßt euch auf eine dir angenehme Weise. Spüre, wie du dich augenblicklich ganz bei dir fühlst. Eure Augen treffen sich, und du erkennst, dass sich eure Seelen schon lange ken-

---

6   Eine Anleitung zum Aufbau eines heiligen Platzes findest du auf Seite 122 ff.

nen. Ein leichter Wind weht durch dein Haar, und die Sonne spiegelt sich in dem klaren, rauschenden Bächlein.

Loki sprich zu dir: »Geliebtes Wesen, ich danke dir, dass du den Weg zu mir zurückgefunden hast. Ich möchte dir helfen, dich an die Freude in dir zu erinnern und diese wieder aktiv zu leben. Durch Freude kannst du deine Schwingung erhöhen. Sie ist wie Magie, mit ihr kannst du müheloser durch die kommende Zeit gleiten. Oft hängen wir noch an leidvollen Gefühlen und Gedankenkonstrukten, weil wir vergessen haben, wie wichtig es ist, sich mit angenehmen und fröhlichen Emotionen aufzuladen. Zu lächeln, zu schmunzeln und zu lachen, trauen wir uns manchmal einfach nicht mehr und verlieren dadurch unsere unbeschwerte Grundstimmung. Es geht nicht darum, für die anderen der Clown zu sein, sondern darum, dass du dich selbst frei, leicht und heiter fühlen darfst. Dies wieder ganz in dir wahrzunehmen, lässt dein Fundament stark werden, und du kannst furchtlos und fröhlich deinen Weg gehen.«

Loki fragt dich, ob du bereit bist, das Gefühl von Traurigkeit und Kummer aus dem Körper zu lösen und Fröhlichkeit und Lebensfreude in dir zu stärken. Wenn du bereit bist, gib ihm ein Zeichen.

Gemeinsam lasst ihr eure Füße in das Bächlein gleiten, und Loki legt liebevoll seine Hand auf deinen Rücken zwischen deine Schulterblätter. Du spürst die wohlige Wärme seiner Hand auf deiner Haut und, wie das kühle Wasser deine Füße umspielt. Erlebe, wie dich deine negativen Gedanken verlassen und du sie an Mutter Erde abgeben kannst.

Du erlebst, wie Freudlosigkeit, Kummer und
Trübsinn und alle schweren Gedanken
und Grübeleien aus deinen Fußsohlen
hinaus und hinein in das Bächlein
fließen, denn diese benötigst du nicht
mehr. Alles, was du aus ihnen gelernt
hast, bleibt bei dir, das schwere Gefühl jedoch kannst du hier mit Lokis
Hilfe abgeben. Spüre Lokis Hand, die
auf deinem Rücken ruht. Durch diese
Berührung nimmst du nun wundervolle
positive Gedanken, Freude und Entzückung
in deinem Körper wahr, Gedanken und Gefühle,
denen du bis jetzt vielleicht noch nicht deine volle Aufmerksamkeit geschenkt hast. Erlebe, wie du dich mit jedem
Atemzug neu ausrichtest, alles Überholte ausatmest und deinen Fokus auf das Positive richtest. Du spürst, wie die Freude
deinen ganzen Körper erfüllt und du richtig euphorisch
wirst. Du strahlst über das ganze Gesicht und erlebst, dass du
ganz bei dir ankommst und es dir besser gelingt, dich leicht
und sorglos zu fühlen und dein inneres Licht strahlen zu
lassen.

Loki spricht zu dir: »Mit der Leichtigkeit und Lebensfreude, die du jetzt empfindest, kannst du nun mühelos
und optimistisch deinen Weg gehen. Dieses Gefühl ist das
Fundament deines selbstbestimmten Lebenspfads. Wisse,
dass du ein wunderschönes Licht bist, dass du es verdienst,
dir selbst Zufriedenheit und Lebenslust zu schenken. Dein

Licht kennt dieses Gefühl von Freude und Euphorie, und du darfst dies wieder zulassen. Du kannst die Schwere loslassen und dich deiner eigenen Liebe und deinen Glücksgefühlen hingeben.«

Loki erinnert dich lediglich daran, wie es sich anfühlt, Freude zu leben, und du spürst, wie du von ihr durchflutet wirst. Es geht nicht nur darum, durch die Götter die eigene Freude zu erfahren, sondern darum, deine eigene Göttlichkeit zu erkennen und diese zu feiern.

Dir fällt jetzt erst auf, dass Loki seine Hand schon lange von deinem Rücken genommen hat und du trotzdem noch immer dieses schöne, heilsame Gefühl in dir spürst.

Loki spricht zu dir: »Du kannst jederzeit zu mir zurückkehren, wenn du daran erinnert werden möchtest, dass du dich leicht, fröhlich und unbeschwert fühlen darfst. Doch wisse auch, dass Begeisterung und Lebensfreude in dir sind und du diese leben darfst.«

Verabschiede dich von Loki auf eine dir angenehme Weise. Es ist der Moment gekommen, ins Hier und Jetzt zurückzukehren. Du atmest dich von innen nach außen und nimmst dich zurück in der Wirklichkeit wieder ganz wahr.

LOKI möchte dich daran erinnern, dass du ein fröhlicher und lebenslustiger Mensch bist. Beginne gleich morgens damit, dir selbst ein Lächeln zu schenken. Stelle dir vor, wie du einen inneren Schalter umlegst und den Tag über bewusst in all den Situationen lächelst, in denen du in der Regel ein »entspanntes« Gesicht machst. Lächle, was das Zeug hält, und schenke auch den Menschen in deiner Umgebung dein Lächeln. So bringst du dich in eine höhere Schwingung. Versuche dies jeden Tag, bis es dir leichtfällt und wie von allein geht. Verurteile dich aber nicht, wenn du mal einen schlechten Tag hast.

⟩○⟨ FREUDERITUAL

**Das folgende Ritual unterstützt dich dabei,
Niedergeschlagenheit und Traurigkeit loszulassen und
die Freude wieder vermehrt in dein Leben zu ziehen.**

Für dieses Ritual benötigst du:

- 1 Handvoll getrocknete Erdbeerblätter
- 1 Tüte Vanillepulver
- fein geriebene Orangenschale
- 3–6 Tropfen Weihrauch-Öl[7]
- 1 Mörser
- 1 Paar dicke Socken

✳ Horche in dich hinein, und frage dich, warum du heute
das Ritual durchführen möchtest. Welche Absicht hast du?

✳ Setze dich in der Natur oder zu Hause an deinen Altar:
Baue einen Kreis, einen heiligen Platz auf, in dem du die
Anrufungen (siehe Seite 122 ff.) aussprichst. Konzentriere
dich auf das, was du vorhast, und lasse dich nicht durch
Dinge im Außen wie das Telefon oder etwas Ähnliches
ablenken.

---

7   Alternativ kannst du auch Weihrauchharz verwenden.

* Entzünde deine Altarkerze oder ein kleines Feuer, wenn du in der Natur bist. Mache dir bewusst, dass dies dein inneres Feuer ist, dein Licht sowie das göttliche Feuer.

* Wenn du möchtest, kannst du jetzt die Utensilien für dieses Ritual mit Weihrauch oder Salbei räuchern.

* Mörsere die getrockneten Erdbeerblätter, das Vanillepulver, die fein geriebene Orangenschale, und vermenge sie mit dem Öl. Mache dir dabei bewusst, dass dich diese Mixtur dabei unterstützt, Traurigkeit und Niedergeschlagenheit zu vertreiben und dich mit Freude aufzuladen. Dieses Ritual macht nichts ungeschehen, aber es hilft dir, dich zu sammeln, dich neu auszurichten und Energien der Freude zu entfesseln.

* Spüre, dass es jetzt an der Zeit ist, in die Schwingung der Freude und des Glücks zu kommen.

* Befülle die Socken zu gleichen Teilen mit deiner selbst hergestellten Paste. Schlüpfe in die Socken, und sprich folgende Worte laut aus: »Hiermit nähre ich die Freude und Fröhlichkeit in mir und der Welt, und ich lasse dies zu – mit der Unterstützung der Kraftquelle, die in allem sprudelt. Ich bin es wert, dass sich die schweren

Energien nun transformieren und ich Lebensfreude spüre. Mir ist bewusst, dass ich eine Wahl habe, und ich erlaube mir, fröhlich und beschwingt in die kommende Zeit zu treten. Ich danke den alten Göttern und meinen Verbündeten dafür, dass sie Zeugen meines Pfades sind. Ich trage die Verantwortung für mich selbst und lasse alles frei, was mir nicht mehr dienlich ist.«

* Trage die Socken mindestens 30 Minuten, und lächle dabei.

* Anschließend danke den Energien und dir selbst für die Schritte, die du gerade getan hast. Ziehe die Socken vorsichtig aus, und schüttle sie draußen in der Natur aus.

* Lasse den heiligen Raum sich wieder auflösen, und komme ganz zurück in deinen Alltag.

Yggdrasil –

DIE EIGENEN WURZELN ERKENNEN

Die gewaltige Weltenesche Yggdrasil verkörpert als Welten-baum den gesamten Kosmos. Sie wird auch als immergrüne Eibe beschrieben. Sie war schon immer da und wird der nordischen Mythologie nach auch noch da sein, wenn die Welt untergegangen ist. Sie steht im Zentrum der Welt und hält das gesamte Universum zusammen, verbindet alle Ebenen und Völker miteinander. Ihre Äste, Zweige und Blätter überragen die Welt und reichen bis in den Himmel hinein. Yggdrasil hat drei starke Wurzeln, und unter jeder entspringt eine Quelle, die sie mit einem Reich verbindet. Die Wurzeln reichen ins Reich der Toten, ins Reich der Riesen und wieder zurück nach Asgard, in das Reich der Götter. Die Quellen münden jeweils in einen Brunnen – in den Brunnen der Weisheit, in den Brunnen der Quelle aller Flüsse und in den Brunnen der Lebenskraft. An Letzterem sitzen auch die drei Nornen, die hier die Schicksalsfäden der Menschen und der Götter weben. Zudem sorgen die Nornen dafür, dass der Baum an Lebens-kraft gewinnt, indem sie Wasser und Schlamm mischen und seine Wurzel damit bestreichen.

Die Weltenesche Yggdrasil trotzt unerschrocken und kraftvoll vielen Beschwernissen. An ihren Wurzeln nagen ein Drache sowie dessen Nachkommen, und an ihren Trieben nagen vier Hirsche. Aber sie hat noch mehr tierische Bewohner, ein weiser Adler thront in ihrer Krone, und zwischen dessen Augen sitzt ein Habicht. Das Eichhörnchen Ratatöskr rennt den Baum hinauf und hinunter und überbringt Nachrichten zwischen dem Adler und dem Drachen. Die Bienen trinken vom süßen Tau der Weltenesche, und die Götter halten Gericht unter ihrer Blätterkrone. Yggdrasil teilt die Sorgen der Welt mit allen, die in ihr wohnen. Sie verbindet Oberwelt, Erde und Unterwelt miteinander. Die Erde, auch Midgard genannt, wurde von den Göttern für die Menschen erschaffen. In der Oberwelt befindet sich Asgard, die Welt der Götter. Sie ist über eine Feuerbrücke mit der Welt der Menschen verbunden, die wir als Regenbogen erkennen. Alle Welten sind in verschiedene weitere Welten unterteilt und beherbergen unter anderem die Zwerge und Elben. In Asgard findet man die schönsten und prachtvollsten Paläste sowie verwunschene Wälder. Der prunkvollste Palast in Asgard gehört Odin. In ihm befindet sich Walhall, Odins Halle der verstorbenen glorreichen Krieger, die sich jeden Tag im Zweikampf messen, um dann am Abend hier in Wallhall an der Tafel mit Odin speisen. Yggdrasil war ein Sinnbild für die Welt und eines der wichtigsten Bilder für die Germanen, denn sie steht für das Leben selbst, für die immer wiederkehrenden Wandlungsprozesse des Werdens und Vergehens. Odin verbindet eine besondere Beziehung zu dem Weltenbaum, denn er hing sich selbst an ihm auf, um das geheime Wissen zu erlangen.

Yggdrasil beschützt und bewacht die Welt, und laut Legende versteckt sich ein Menschenpaar nach dem Weltuntergang Ragnarök in ihrem Geäst, um als erstes Menschenpaar einer neuen Generation die Welt wieder zu bevölkern. Der Weltenbaum hat tief reichende Wurzeln und ist so gut verankert, dass kein Sturm ihn erschüttern kann.

Yggdrasil erinnert uns daran, dass wir in unserem Leben Halt brauchen, den uns nur unsere eigenen Wurzeln geben können. Unsere Erdung bildet die Grundsteine unseres Pfades, denn mit ihr unterstützen wir unseren Weg vielfältig. Durch ein Gefühl von Verbundenheit und Verwurzelung können wir mehr im Hier und Jetzt sein, wir fühlen uns geborgen, sicher und frei und können unseren Seelenpfad kraftvoll gehen. Über unsere Wurzeln dürfen wir unsere inneren Batterien wieder aufladen und die Quelle unseres Herzens klar und frei sprudeln lassen. Sie schenken uns die Kraft, auf allen Ebenen mühelos zu wachsen, und geben uns in jeder Situation Halt. Wir können ganz in unserer Wahrheit bleiben und darauf vertrauen, dass uns Mutter Erde nie loslässt. Starke Wurzeln wie die von Yggdrasil bieten zudem Stabilität und Beständigkeit. Mit ihnen können wir sorgenfrei agieren, ohne abzuheben und ohne, dass uns etwas in unseren Grundfesten erschüttern kann. Mit starken Wurzeln schenken wir uns selbst die Möglichkeit, noch weiter über uns hinauszuwachsen. Wenn unsere eigene Baumkrone dann in die höchsten Sphären reicht, dann können wir diese Energie nicht nur für uns selbst nutzen, sondern sie auch auf diesen schönen Planeten leiten.

Yggdrasil zeigt uns, dass tiefe und starke Wurzeln Energie schenken. Sie steht in ihrer vollen Pracht, und auch wir können mit kräftigen Wurzeln ganz in unserer Energie sein und den einen oder anderen Sturm mühelos meistern. Wir sind ein Teil von Mutter Erde und Teil der Natur, und die Natur ist ein Teil von uns. Wenn uns dies bewusst wird, dann ist das Verwurzeln leichter und angenehmer, und der Weg der Spiritualität ist müheloser. Zu unseren Wurzeln gehören auch unsere Ahnen. Sein Ahnenfeld zu erkennen, anzuerkennen oder zumindest den Weg der Ahnen zu würdigen, hilft uns, tiefe, feste Wurzeln wachsen zu lassen. Indem wir in Harmonie mit uns selbst und unseren eigenen Wurzeln kommen, können wir uns selbst erkennen und die Befreiung unseres eigenen Lichts erfahren.

LICHTREISE

Bevor du mit der Lichtreise beginnst, baue einen heiligen Platz für dich auf.[8] Entzünde eine Kerze, mache schöne, beruhigende Musik an, und lasse den Alltag für einen Moment hinter dir.

---

8   Eine Anleitung zum Aufbau eines heiligen Platzes findest du auf Seite 122 ff.

Mache es dir bequem, schließe die Augen, und atme ganz bewusst ein und aus. Spüre genau nach, wo in deinem Körper du dich befindest. Komme vollkommen zur Ruhe. Gleite in den inneren Raum deines Herzens. Gehe immer tiefer an deinen inneren geistigen Ort.

Ein Weg zeigt sich dir. Er führt dich zum Weltenbaum Yggdrasil. Du fühlst dich vollkommen sicher und geborgen. Nimm wahr, wie sich der Weg unter deinen Füßen anfühlt, rieche die Natur um dich herum, und höre, wie der Wind Blätter aufwirbelt. Du spürst, dass deine Seele diesen Ort schon lange kennt und du eine vertraute Verbindung zu dieser Situation hast. Du bist an der Weltenesche Yggdrasil angekommen. Dieser beeindruckende Baum, dessen Krone bis weit in den Himmel ragt und dessen Wurzeln groß gewunden, knorrig und wunderschön sind, überragt alle anderen Bäume. Du fühlst dich von ihm magisch angezogen. Du betrachtest ihn von allen Seiten, streifst dabei mit deinen Händen über seine schöne Borke und spürst seine Wärme. Es dauert eine gefühlte Ewigkeit, bis du um ihn herumgeschritten bist, denn sein Stamm ist so gewaltig. Du entdeckst eine schöne, einladende Wurzel, die wie ein Schoß geformt und mit Moos bewachsen ist. Hier nimmst du Platz. In dem Moment, in dem du Platz genommen hast, spürst du, dass du dich angekommen und unerschütterlich fühlst. Du erlebst, dass jegliche Unsicherheit und Anspannung in dir augenblicklich abnimmt. Nimm wahr, wie du dich ganz bei dir fühlst. Ein leichter Wind durchfährt das Blätterwerk. Du erkennst das Rauschen der Blätter als einen liebenden Widerhall deiner Erinnerung.

Du kommunizierst mit Yggdrasil ohne Worte. Die Welteneesche dankt dir dafür, dass du den Weg zu ihr zurückgefunden hast, und möchte dir helfen, dich an deine Wurzeln und das Gefühl der Erdung zu erinnern und dieses Gefühl in dir wieder erlebbar zu machen.

Gib Yggdrasil ein Zeichen, wenn du bereit bist, deine Wurzeln zu stärken und wachsen zu lassen. Obwohl sich die Welteneesche kaum merklich bewegt, spürst du, dass sie zwei Äste liebevoll um dich legt, dabei kitzeln dich die weichen Blätter. Du fühlst, wie eine wohlige Wärme durch deinen Körper fließt, die alle Blockaden, die dich davon abhalten, dich jetzt in diesem Moment verwurzelt und geerdet zu fühlen, aus deinem Körper löst.

Du erlebst, wie Gefühle des Abgeschnittenseins, der Entwurzelung, der Ratlosigkeit und der Machtlosigkeit aus dir hinausfließen und von Yggdrasil aufgesogen und transformiert werden. Mit Yggdrasils Hilfe löst sich dies alles ganz mühelos aus dir. Spüre, wie dich ihre Wurzeln berühren und du selbst anfängst, dich zu verwurzeln. Erlebe, wie deine Wurzeln mit jedem Atemzug stärker, spürbarer und kräftiger werden.

Spüre, dass du darauf vertrauen kannst, dass dich Mutter Erde hält. Du fühlst dich stabil, beständig und sicher. Erlebe, wie du dich tief verwurzelst und wie deine Wurzeln die Wurzeln von Yggdrasil berühren, wie ihr euch miteinander verbindet, einander umschließt und miteinander verschmelzt. Du erlebst, wie stark und kräftig deine Wurzeln sind. Dich kann nichts in deinen Grundfesten erschüttern, und doch hast du das Gefühl, dass du über dich hinauswachsen und dich mit den höchsten Sphären verbinden kannst und darfst.

Du hörst, wie Yggdrasil dir jenseits aller Worte vermittelt: »Mit der Verbundenheit und Verwurzelung, die du hier und jetzt fühlst, kannst du nun noch höher hinaus und deinen Weg stark und einflussreich gehen. Dieses Gefühl ist das Fundament deines selbstbestimmten Lebens. Wisse, dass du ein wunderschönes Licht bist und dass du es verdienst, dir ein Gefühl von Geborgenheit und des Angekommenseins zu schenken. Du kannst die Schwere loslassen und dich deiner eigenen Liebe frei hingeben, denn dann kann Heilung geschehen, und du kannst dein Licht befreit strahlen lassen.«

Yggdrasil erinnert dich daran, wie es sich anfühlt, verbunden und verwurzelt zu sein, und du spürst, wie du von diesen Gefühlen durchflutet wirst. Doch es geht nicht darum, all deine Verantwortung abzugeben, sondern darum, die eigene Göttlichkeit zu erkennen und sie zu feiern.

Dir fällt jetzt erst auf, dass der Weltenbaum Yggdrasil seine Äste zurückgezogen hat und auch seine Wurzeln wieder steif geworden sind, und trotzdem spürst du noch immer dieses schöne, heilsame Gefühl in dir.

Die Weltenesche raunt dir zu: »Du kannst jederzeit zu mir zurückkehren, wenn du daran erinnert werden möchtest, dass du kraftvolle und starke Wurzeln hast und du dich geerdet fühlen darfst. Wisse aber, dass du deine Wurzeln in dir hast und diese immer spüren kannst.«

Verabschiede dich von Yggdrasil auf eine dir angenehme Weise. Es ist der Moment gekommen, ins Hier und Jetzt zurückzukehren. Du atmest dich von innen nach außen und nimmst dich zurück in der Wirklichkeit wieder ganz wahr.

KURZÜBUNG

YGGDRASIL möchte dich daran erinnern, dass du deine Wurzeln überall spüren kannst und du dich immer geerdet fühlen darfst, dass dich Mutter Erde hier auf diesem Planeten nicht loslässt und du diese Erdung für dich nutzen kannst, um dich stabil und stark zu fühlen. Du kannst mit dieser Übung ein Gefühl von Halt in dir verankern. Mache in der kommenden Zeit mindestens 100 Schritte ganz bewusst, und stelle dir vor, wie du dich mit jedem Schritt mit Mutter Erde verwurzelst. Du wirst erleben, dass du dadurch Grenzen in dir auflösen und mit Leichtigkeit für dich einstehen kannst.

✴•⧉ VERWURZELUNGSRITUAL

**Das folgende Ritual unterstützt dich dabei,
dich verwurzelt und geerdet zu fühlen.**

Für dieses Ritual benötigst du:
- Ton
- getrocknete Eschenblätter
- Rinde eines Baumes[9]
- 1 Zahnstocher

✴ Horche in dich hinein, und frage dich, warum du heute
das Ritual durchführen möchtest. Welche Absicht hast du?

✴ Setze dich in der Natur oder zu Hause an deinen
Altar: Baue einen Kreis, einen heiligen Platz
auf, in dem du die Anrufungen (siehe
Seite 122 ff.) aussprichst. Konzentriere
dich auf das, was du vorhast, und lasse
dich nicht durch Dinge im Außen
wie das Telefon oder etwas Ähnliches
ablenken.

✴ Entzünde deine Altarkerze oder ein
kleines Feuer, wenn du in der Natur bist.

---

9   Ich bitte dich, die Rinde von einem bereits abgestorbenen Baum
oder etwas Feuerholz zu benutzen.

Mache dir bewusst, dass dies dein inneres Feuer ist, dein Licht sowie das göttliche Feuer.

* Wenn du möchtest, kannst du jetzt die Utensilien für dieses Ritual mit Weihrauch oder Salbei räuchern.

* Forme nun aus dem Ton einen Baum mit Krone, Stamm und Wurzeln. Du kannst auch nur ein Relief formen. Spüre, wie du dich mit Mutter Erde verbindest, während du den Ton knetest und formst.

* Schmücke die Krone des Baumes mit den Blättern, den Stamm mit der Rinde, und nun kratze mit dem Zahnstocher deinen Namen in die Wurzeln, und sprich folgende Worte laut aus: »Hiermit nähre ich meine Wurzeln und meine Erdung, und ich lasse dies zu – mit der Unterstützung der Kraftquelle, die in allem sprudelt. Ich bin es wert, mich verbunden und angekommen zu fühlen und dass sich die schweren Energien nun transformieren. Mir ist bewusst, dass ich eine Wahl habe, und ich erlaube mir, verwurzelt und geerdet in die kommende Zeit zu treten. Ich danke den alten Göttern und meinen Verbündeten dafür, dass sie Zeugen meines Pfades sind. Ich trage die Verantwortung für mich selbst und lasse alles frei, was mir nicht mehr dienlich ist.«

* Feuchte die Wurzeln deines Baumes noch etwas an, indem du etwas Speichel auf deinen Finger gibst und damit über

die Wurzeln fährst, um deine Energie in den Baum zu weben.

✳ Lasse den Baum nun auf deinem Altar trocknen. Er möge ab jetzt ein Teil deines Altars sein.

✳ Danke den Energien und dir selbst für die Schritte, die du gerade getan hast.

✳ Lasse den heiligen Raum sich wieder auflösen, und komme ganz zurück in deinen Alltag.

Gott Odin –

SICH WUNDER ERLAUBEN

Der Gott Odin war der erste und älteste aller Götter und Göttervater der Asen. Er wird in unserer Sprache zumeist mit »Allvater« übersetzt, obwohl er in der Götterwelt bis zu zwölf verschiedene Namen trug, wie zum Beispiel Wotan. Odin herrschte über alle großen und kleinen Dinge, erschuf Himmel und Erde und alles, was in ihnen ist. Er gilt als der Vater der Götter, und doch gehörte es zu seinen größten Errungenschaften, den Menschen die Seele zu schenken. Der nordischen Mythologie nach wurden starke, mutige und rechtschaffene Menschenseelen in Walhall, einer Halle im prunkvollsten Palast Odins, willkommen geheißen. Odin war ein Gott der Weisheit, der Magie und der Ekstase und lebte in Asgard. Jeden Morgen ließ er seine zwei Raben Hugin und Munin ausfliegen, damit sie ihm Neuigkeiten überbrachten. Übersetzt lauten ihre Namen »Gedanken« und »Erinnerungen«, was ihre besondere Verbindung und Zusammengehörigkeit verdeutlicht, denn mit den Gedanken kommen auch Erinnerungen, und ohne Erinnerungen hätten wir keine Gedanken.

Am Abend feierte Odin in Walhall mit seinen tapferen Kriegern, jedoch aß er nie mit ihnen, sondern trank nur Met und Bier, die Speisen verfütterte er an seine Wölfe, Geri und

Freki, die ihn bei der Jagd unterstützten. Auch das achtbeinige Pferd Sleipnir, ein Kind des Gottes Loki, gehörte zu seinen tierischen Begleitern. Natürlich besaß auch Odin magische Gegenstände, dazu gehörten ein schwerer Ring, der alle neun Nächte Reichtum hervorbrachte, und ein Speer, der nie sein Ziel verfehlte.

Odin war immer wieder auf der Suche nach Wissen und Erkenntnis. Aus diesem Grund war seine Bereitschaft groß, sich immer wieder Prüfungen und Aufgaben zu unterziehen. Der Legende nach wollte Odin die Gabe des Sehens erlangen und wanderte dafür zum Brunnen der Weisheit. Der Riese, der über den Brunnen wachte, wollte ihn allerdings nur von dem Wasser trinken lassen, wenn er ihm dafür ein Auge gäbe. Auf diesen Handel ließ sich Odin ein und erhielt so die Gabe des Hellsehens, die es ihm erlaubte, in die Vergangenheit, die Gegenwart und die Zukunft zu blicken. Sein Auge jedoch liegt bis heute auf dem Grund des Wassers.

Natürlich machte sein Äußeres nun einen unheimlichen Eindruck, doch wurde Odin von den Menschen geliebt und verehrt, insbesondere von den adligen Wikingern.

Odin hatte viele außergewöhnliche Fähigkeiten. So konnte er sich in einen Adler verwandeln und durch die Lüfte fliegen. Er war ein mächtiger Gegner, der die Zauberkunst perfektioniert hatte. Er konnte allein mit seinen Worten die Meere aufwühlen, aber auch wieder beruhigen, und er konnte mit dem Feuer, aber auch dem Wind sprechen. Doch all dies reichte Odin nicht. Er wollte wie die Nornen die Magie und das Wissen der Runen erfahren. Weil sich die Runen jedoch nur »Würdigen« offenbarten, verletzte er sich mit seinem magischen Speer und hängte sich neun Tage kopfüber an die Weltenesche. Als Belohnung erhielt er das Wissen der Runen, doch konnte ihn all sein Wissen nicht vor seinem letzten Kampf bewahren. Odin wurde während Ragnarök, dem Weltuntergang, vom Wolf Fenrir verschlungen, doch später von einem seiner Söhne gerächt.

Odin war auf vielen Ebenen lernbegierig, wollte die Wunder verstehen und die Magie hinter allem erlernen. Für dieses Ziel hat er mehr als nur ein Auge gelassen. Die Magie in den Dingen nicht aus den Augen zu verlieren, hat bis heute Bedeutung für uns. Das hat nichts mit Zauberkunststücken zu tun, sondern damit, zu erkennen, dass Magie in allem zu finden ist – vor allem in uns selbst. Heutzutage können wir uns zahlreiche Dinge und Zusammenhänge physikalisch erklären, und doch liegt vieles noch außerhalb unseres Vorstellungsvermögens und unseres Wissens. Die Magie ist eine übersinnliche Kraft, die alles durchdringt – auch uns. Unsere eigene Magie zu erkennen und erstrahlen zu lassen, kann uns helfen, ein tiefes Verständnis für uns selbst zu erlangen. Mit ihrer Hilfe können wir uns von allem anderen frei machen und endlich nur nach unserem eigenen Willen handeln. In Einklang mit unserer eigenen Magie können wir erfahren, wohin unser Weg führt, und erkennen, wann wir wir selbst sind und wann wir nur vorgeben, jemand anderes zu sein. So können wir uns sicher sein, dass wir unseren Seelenweg gehen und uns nicht womöglich auf einem Pfad verirrt haben, der nicht für uns bestimmt ist. Odins Wissensdurst erinnert uns daran, dass wir uns darauf fokussieren dürfen, wer wir wirklich sind, was wir erreichen möchten und aus welchem Grund. Wenn wir innehalten und den Pfad, auf dem wir wandeln, achtsam betrachten, erkennen wir Stolpersteine in Form von Ängsten oder alten Glaubenssätzen, die uns davon abhalten, unsere volle Kraft und Magie zu leben. Die Legende Odins erinnert uns daran, dass wir diese Stolpersteine aus dem Weg räumen dürfen, um unser volles Potenzial zu leben.

Mache dich frei, und erkenne deine eigene magische Wahrheit. Wenn du dir dies erlaubst, dann kannst du dein Wissen neu ordnen, dein Weg kann sich neu entfalten, und etwas Neues kann in deine Welt geboren werden. Erkenne deine eigenen Wunder. Denn die Magie ist kein Trick und hat nichts mit Manipulation zu tun, sondern du erwählst deine eigene Kraft und gestehst sie dir zu. Diene dir selbst mit deiner neu gewonnenen Stärke. Auf diese Weise beginnst du, dich selbst zu ehren und deinen Wert wahrzunehmen.

Erlaube dir Wunder! Was bedeutet das? Es bedeutet, dass du dich für Möglichkeiten weit über deinen Verstand und deine Vorstellung hinaus öffnest, die schon lange auf dich gewartet haben. Odin unterstützt dich dabei, dich zu finden, auf deinem Weg zu bleiben und die Magie zu leben, die du in dir trägst.

LICHTREISE

Bevor du mit der Lichtreise beginnst, baue einen heiligen Platz für dich auf.[10] Entzünde eine Kerze, mache schöne, beruhigende Musik an, und lasse den Alltag für einen Moment hinter dir.

Mache es dir bequem, schließe die Augen, und atme ganz bewusst ein und aus. Spüre genau nach, wo in deinem Körper du dich befindest. Komme vollkommen zur Ruhe. Gleite in den inneren Raum deines Herzens. Gehe immer tiefer an deinen inneren geistigen Ort.

Ein Weg zeigt sich dir. Er führt dich zum Weltenbaum Yggdrasil. Du fühlst dich vollkommen sicher und geborgen. Nimm wahr, wie sich der Weg unter deinen Füßen anfühlt, rieche die Natur um dich herum, und höre, wie der Wind Blätter aufwirbelt. Du spürst, dass deine Seele diesen Ort schon lange kennt und du eine vertraute Verbindung zu dieser Situation hast.

Am Fuße der Weltenesche, die von der Sonne erhellt ist und deren Blätter große Schatten werfen, steht ein beeindruckender Mann. Er trägt eine Augenklappe, und auf seiner Schulter sitzen zwei Raben. Du erkennst, dass es der Gott Odin ist. Er winkt dich zu sich. Obwohl er eine imposante Erscheinung ist, fühlst du dich nicht verängstigt, sondern ganz sicher. In dem Moment, als du vor ihm stehst, spürst du seine magische Wertschätzung für dich, und deine Magie beginnt schon, in dir zu kribbeln. Ihr begrüßt euch auf eine dir angenehme Art und Weise. Spüre, wie du dich augenblicklich ganz bei dir fühlst.

---

10   Eine Anleitung zum Aufbau eines heiligen Platzes findest du auf Seite 122 ff.

Eure Augen treffen sich, und du erkennst, dass sich eure Seelen schon lange kennen. Du fühlst dich ganz geborgen.

Odin spricht zu dir: »Geliebtes Wesen, ich danke dir, dass du den Weg zu mir zurückgefunden hast. Ich möchte dir helfen, deine eigene Magie zu erkennen und sie zu leben. Denn wenn du deine Magie wahrnimmst, dann kannst du dich selbst und deinen Weg wirklich verstehen. Dann kannst du dich frei machen von allem Unnützen und du kannst deinem eigenen Pfad ohne Einschränkung folgen, so, wie du es möchtest. Auf diese Weise erlaubst du dir selbst, zu erkennen, wer du wirklich bist und welche Rollen du ablegen darfst. Im Einklang mit deiner eigenen Magie kannst du dir sicher sein, dass du deinen Weg selbstbestimmt gehst und dich nicht verirrst. Öffne dich für die Wunder in deinem Leben, und erkenne, dass für dich unendlich viele Möglichkeiten bereitstehen. Wir warten schon so lange auf dich, und ich freue mich, dass du hier und heute zulässt, dein Leben wieder magisch werden zu lassen.«

Odin will mit dir zum Brunnen der Weisheit gehen, um dort deine Magie zu erwecken. Gib ihm ein Zeichen, wenn du bereit bist. Er nimmt dich an die Hand, und gemeinsam tretet ihr durch ein Tor ins Innere von Yggdrasil. Odins Raben sind vorausgeflogen und warten schon am Brunnenrand auf euch. Gemeinsam tretet ihr an diese magische Quelle. Odin nimmt eine Schüssel, um Wasser aus dem Brunnen zu schöpfen, und reicht dir diese.

Er spricht zu dir: »Bitte trinke das Wasser der Weisheit, um dich von allen Blockaden zu befreien, die dich durch Raum und Zeit hinweg davon abhalten, deine eigene Magie zu leben und erstrahlen zu lassen.«

Du spürst, wie das kühle Wasser deine Lippen berührt und deine Kehle hinunterrinnt, wie alle inneren Stolpersteine und Blockaden von dem Wasser berührt werden. Du erlebst, wie das kühle Wasser diese mit jedem Schluck mühelos und sanft aus dir löst und sie mit sich nimmt. Du fühlst dich freier. All die Bänder, an denen du noch hängst, die deinen Weg äußerlich, aber auch innerlich bestimmt haben, ohne dass er dein Pfad war, werden durch das Wasser aus dir gelöst. Du spürst, dass du durchatmen kannst. Du fühlst Klarheit und hast das Gefühl, dass alles möglich ist. Das Wasser durchdringt dich und spült alles hinfort, was dich davon abhält, die Magie in dein Leben zu lassen und deine eigene Magie zu leben.

Odin wäscht seine Hände in dem Wasser und fragt, ob er dich damit berühren darf, um die Magie in dir zu erwecken. Gib ihm ein Zeichen, wenn du bereit bist. Er streckt seine Hand aus und berührt deine Stirn an deinem Dritten Auge. Du spürst augenblicklich einen warmen Schauer. Eine übersinnliche Kraft berührt dein Sein, und du hast das Gefühl, alles durchdringen und Einfluss nehmen zu können. Du erlebst, wie du ganz bei dir ankommst und es dir leichtfällt, die Magie in dir und um dich herum zu erkennen. Du selbst bestimmst deinen Weg und kannst ihn magisch gestalten.

Odin spricht zu dir: »So, wie du dir hier und jetzt diese Magie erlaubst, kannst du auch in deinem Leben erkennen und sein, wer du wirklich bist, und im Einklang mit dir selbst leben. Dieses Gefühl säumt deinen Lebenspfad mit neuen Möglichkeiten. Dein Licht kennt das Gefühl von Magie, und du darfst diese wieder zulassen. Du kannst das Unmögliche möglich machen und dich der Liebe für dich selbst hingeben.«

Odin erinnert dich lediglich daran, wie sich das Gefühl von Magie anfühlt, und du spürst, wie du davon durchflutet wirst. Es geht nicht darum, all deine Magie nur durch die Götter zu erfahren, sondern darum, deine eigene Göttlichkeit zu erkennen und diese zu feiern.

Dir fällt jetzt erst auf, dass Odin seine Hand schon lange von deiner Stirn genommen hat und du trotzdem noch immer dieses schöne, heilsame Gefühl in dir spürst.

Odin spricht zu dir: »Du kannst jederzeit zu mir zurückkehren, wenn du daran erinnert werden möchtest, dass du Magie in dir trägst. Doch wisse, dass du deine Magie auch ohne mich erkennen und leben darfst.«

Verabschiede dich von Odin auf eine dir angenehme Art und Weise. Es ist der Moment gekommen, ins Hier und Jetzt zurückzukehren. Du atmest dich von innen nach außen und nimmst dich zurück in der Wirklichkeit wieder ganz wahr.

KURZÜBUNG

ODIN möchte dich daran erinnern, dass du Magie in dir trägst und diese für dich nutzen darfst. Du darfst das Unmögliche möglich machen. Es geht für dich darum, deinen Weg zu erkennen und mögliche Stolpersteine zu überwinden oder auch aus dem Weg zu räumen. Mache dir heute bewusst, wie viel Magie um dich herum existiert. Was ist magisch? Und was hast du heute getan, was magisch war? Nimm heute genau wahr, was passiert, und sieh die Dinge durch die Brille der Magie. Auch die kleinen Wunder zählen, wie der Parkplatz, der frei ist, der Anruf von einem geliebten Menschen, der Song im Radio, den du genau jetzt brauchst, oder auch der Rabe, der genau neben dir landet. So übst du, stärker auf die Magie um dich herum zu achten, und kannst deine eigene Magie noch stärker und deutlicher wahrnehmen.

 MAGIERITUAL

**Das folgende Ritual unterstützt dich dabei,
alte Blockaden zu lösen und die Magie
in dein Leben zu lassen.**

Für dieses Ritual benötigst du:
- schwarzes Baumwollband
- 1 kleines Stück Holz mit zwei Löchern
  (in das du eine Rune ritzen kannst)
- 1 Messer

✳ Horche in dich hinein, und frage dich, warum du heute das Ritual durchführen möchtest. Welche Absicht hast du?

✳ Setze dich in der Natur oder zu Hause an deinen Altar: Baue einen Kreis, einen heiligen Platz auf, in dem du die Anrufungen (siehe Seite 122 ff.) aussprichst. Konzentriere dich auf das, was du vorhast, und lasse dich nicht durch Dinge im Außen wie das Telefon oder etwas Ähnliches ablenken.

✳ Entzünde deine Altarkerze oder ein kleines Feuer, wenn du in der Natur bist. Mache dir bewusst, dass dies dein inneres Feuer ist, dein Licht sowie das göttliche Feuer.

✳ Wenn du möchtest, kannst du jetzt die Utensilien für dieses Ritual mit Weihrauch oder Salbei räuchern.

✳ Ritze in das kleine Holzstück die Rune Dagaz[11] ein, und mache dir dabei bewusst, dass dich dieses Zeichen dabei unterstützt, Wunder in dein Leben zu lassen und deine eigene Magie zu leben. Es wird dir dabei helfen, keine neuen unnützen Verbindungen einzugehen, zu dir zu stehen und dich immer wieder in deiner Wahrheit auszurichten. Dieses Ritual hilft dir, deine magische Energie zu entfesseln.

✳ Spüre, dass es jetzt an der Zeit ist, deine Magie zu leben, und ziehe das schwarze Baumwollband durch die zwei Löcher an dem Holzstück.

✳ Lege das Band nun um dein Handgelenk, verknote es neunmal, und sprich folgende Worte laut aus: »Hiermit nähre ich meine Magie, und ich lasse diese zu – mit der Unterstützung der Kraftquelle, die in allem sprudelt. Ich bin es wert, magisch zu sein, Wunder in mein Leben zu ziehen, und lasse zu, dass sich die schweren Energien

---

11 Für einen tieferen Einblick in die Runenkunde empfehle ich dir das Buch »Runenrituale für die alltägliche Praxis« von Antara Reimann (erschienen im Schirner Verlag).

nun transformieren. Mir ist bewusst, dass ich eine Wahl habe, und ich erlaube mir, die transzendente Kraft in mein Leben und in die kommende Zeit einzuladen. Ich lasse die alten und überholten Blockaden los und erlaube mir, leichte und magische Dinge, die womöglich außerhalb meiner Vorstellungskraft liegen, in mein Leben zu ziehen. Ich danke den alten Göttern und meinen Verbündeten dafür, dass sie Zeugen meines Pfades sind. Ich trage die Verantwortung für mich selbst und lasse alles frei, was mir nicht mehr dienlich ist.«

* Trage das Band so lange, bis es sich von selbst von deinem Handgelenk löst.

* Danke den Energien und dir selbst für die Schritte, die du gerade getan hast.

* Lasse den heiligen Raum sich wieder auflösen, und komme ganz zurück in deinen Alltag.

Gott Tyr – DEN LICHTKRIEGER ERWECKEN

Der Gott Tyr war der Gott des Kampfes und des Sieges und gehörte zum Göttergeschlecht der Asen. Er war kühn, mutig und unerschrocken und bezwang die größten Ungeheuer. Der Legende nach war er der Einzige, der sich durch seine ungeheure Kraft dem Wolf Fenrir entgegenstellen konnte. Fenrir war das erste Kind des Gottes Loki und einer Riesin. Die Götter fühlten sich von Fenrir bedroht, da sie befürchteten, er würde sie alle verschlingen. So schmiedeten sie den Plan, den Wolf mit einer magischen Fessel festzuhalten, die von den Zwergen geschaffen wurde. Um das Vertrauen des Wolfes zu erlangen, legte Tyr seine Schwerthand in das Maul des Tieres und fesselte es dann. Fenrir biss ihm die Hand ab, blieb aber fortan gefangen. Der Verlust seiner Hand veranlasste Tyr jedoch nicht dazu, von der Schlacht zurückzutreten, er kämpfte fortan mit dem Schwert in der linken Hand und schenkte bei Versammlungen Schutz. Zwar war er kein Friedensbringer, aber er lehrte die Menschen Tapferkeit, Mut und Courage. Tyr tötete während Ragnarök, dem Weltuntergang, den Höllenhund Garm, kam dabei jedoch selbst um.

Tyr erinnert uns an das Kriegerlicht, das auch in uns lodern und brennen darf. Er bestärkt uns darin, für uns und unsere Ziele einzustehen. Oft verfallen wir als Lichtarbeiter dem Glauben, dass wir zurückstehen und anderen den Weg frei machen müssen bzw. dürfen. Mit der Kraft von Tyr können wir uns hingegen weiterentwickeln und uns daran erinnern, Lichtkrieger zu sein, die für genau das einstehen und kämpfen, was ihnen zusteht. Dabei geht es nicht darum, blind auf sein Recht zu pochen. Es geht darum, sein eigenes Feuer und sein Temperament für sich und das eigene Fortkommen zu nutzen, ohne jemanden zu verletzen. Natürlich ist es wichtig, auf das eigene Umfeld Rücksicht zu nehmen, jedoch ist es genauso wichtig, Verantwortung für die eigenen Ziele und Gefühle zu übernehmen. Tyr möchte, dass du dir selbst lauschst. Er möchte, dass du dem Ruf in dir folgst und ihm antwortest, dass du dich selbst ermächtigst, indem du dir deines eigenen Lichts und deines eigenen Werts bewusst wirst. Lasse dein Licht nicht schwach, ängstlich und unsicher leuchten, sondern stehe für dich ein, auch wenn dies bedeutet, zu kämpfen. Für uns einzustehen, ist eine der wichtigsten Grundlagen, um unseren Seelenweg zu gehen, denn sonst würden wir immer nur die Nebenrolle und nie die Hauptrolle im Film unseres eigenen Lebens spielen. Seine eigenen Ängste und Sorgen zu sehen und sich nicht hinter diesen oder hinter den Wünschen anderer zu verstecken – darum geht es, wenn man seine eigene Bestimmung leben möchte. Skrupellos oder auch übertrieben ruppig zu sein, ist dabei überhaupt nicht vonnöten, alles hinzunehmen oder immer wieder einen Schritt zurückzugehen, ohne für sich selbst einzustehen, ist aber auch nicht förderlich für das eigene Licht und das Erreichen der Ziele und Wünsche.

Tyr steht an deiner Seite, um dir zu zeigen, dass du auf eine immense Kraft zurückgreifen kannst, um der strahlende Lichtkrieger zu werden, der in dir steckt. Sei bereit, einen inneren, aber auch äußeren Kampf zu bestreiten und somit dein inneres Licht kraftvoll scheinen zu lassen. Auf diese Weise stärkst du nicht nur deinen eigenen Mut, sondern auch den aller anderen, die diesen Weg mit dir gehen.

LICHTREISE

Bevor du mit der Lichtreise beginnst, baue einen heiligen Platz für dich auf.[12] Entzünde eine Kerze, mache schöne, beruhigende Musik an, und lasse den Alltag für einen Moment hinter dir.

Mache es dir bequem, schließe die Augen, und atme ganz bewusst ein und aus. Spüre genau nach, wo in deinem Körper du dich befindest. Komme vollkommen zur Ruhe. Gleite in den inneren Raum deines Herzens. Gehe immer tiefer an deinen inneren geistigen Ort.

Ein Weg zeigt sich dir. Er führt dich am Weltenbaum Yggdrasil vorbei zum Thingplatz. Du fühlst dich vollkommen sicher und geborgen. Nimm wahr, wie sich der Weg unter deinen Füßen anfühlt, rieche die Natur um dich herum, und höre, wie der Wind Blätter aufwirbelt. Du spürst, dass deine

---

12   Eine Anleitung zum Aufbau eines heiligen Platzes findest du auf Seite 122 ff.

Seele diesen Ort schon lange kennt und du eine vertraute Verbindung zu dieser Situation hast. Der Thingplatz ist von der Sonne durchflutet und wirkt sehr harmonisch. Auf dem Platz steht ein beeindruckender Mann, dem die rechte Hand fehlt, seine andere Hand ruht auf einem gewaltigen Schwert. Du erkennst, dass dies der Gott Tyr ist. Er winkt dich zu sich. Obwohl er eine imposante Erscheinung ist, fühlst du dich nicht verängstigt, sondern ganz sicher.

In dem Moment, als du vor ihm stehst, spürst du, dass er dein inneres Kriegerlicht erkennt und dieses in dir zu kribbeln beginnt. Ihr begrüßt euch auf eine dir angenehme Art und Weise. Du spürst, dass du dich augenblicklich ganz bei dir fühlst. Eure Augen treffen sich, und du erkennst, dass sich eure Seelen schon lange kennen. Du fühlst dich ganz geborgen.

Tyr sprich zu dir: »Geliebtes Wesen, ich danke dir, dass du den Weg zu mir zurückgefunden hast. Ich möchte dir helfen, deinen inneren Lichtkrieger zu entfesseln, denn so kannst du für dich und die Welt eine Licht bringende Veränderung sein. Du darfst dich selbst ermächtigen, deine Ziele zu erreichen. Du darfst aufhören, immer wieder beiseitezutreten, um anderen einen Gefallen zu tun. Du darfst dir den Wert deines eigenen Willens bewusst machen und dein Licht frei von Zweifeln und Angst leuchten lassen. Nimm deinen gerechten Platz ein. Heute geht es darum, dass du nicht mehr einknickst oder kampflos die Segel streichst, sondern deinem Kriegerlicht genug Raum zum Strahlen gibst. Du darfst dir zweifelsfrei deine eigene Wildheit und dein Temperament zunutze machen und deine eigenen Ziele ins Visier nehmen, denn es geht um dein Fortkommen. Du darfst jetzt, hier und heute Verantwortung für dich übernehmen, damit du erreichst, was du wirklich erreichen möchtest.« Tyr fragt dich: »Bist du bereit?« Sobald du ihm das Zeichen gibst, zieht er sein Schwert und reicht es dir. Du ergreifst es und spürst den harten, festen Schaft in deiner Hand und riechst den metallischen Geruch der eisernen Klinge. Du erlebst, wie dein inneres Kriegerlicht auflodert und spürbar wird, wie du dich aufrichten kannst und eine lichtvolle Wildheit in dir erwacht. Du atmest tief durch und spürst, dass sich durch das Schwert Zweifel, Angst, Bedenken und Sorgen aus dir lösen. Kraftvoll, mächtig und stark stehst du neben dem Gott Tyr. Erlebe, wie sich mühelos alles löst, was dich davon abhält, für dich einzustehen, und was dir dabei im Weg steht, deinen Pfad selbstbestimmt zu gehen. Dein inneres Kriegerfeuer löst alles aus dir heraus. Es wird durch die imposante und schöne Klinge des Gottes Tyr noch geschürt, sodass ein tiefes Verlangen in dir erwacht, genau das einzufordern, was dir zusteht und wonach du dich sehnst.

Tyr ergreift deine freie Hand und legt sie auf das Schwert. Du hältst es nun mit beiden Händen, und Tyr legt seine Hand auf deine. Du spürst, dass dich eine wohlige Wärme durchströmt und dein Feuer kaum zu bändigen ist, denn du hast deine Bedürfnisse viel zu lange hintangestellt. Du nimmst wahr, dass hinter all deinen Sorgen und Bedenken eine immense Kraft darauf wartet, lichtvoll von dir geleitet zu werden. Erlebe, wie diese Kraft ihren Raum in dir einnimmt und du zu einem strahlenden Lichtkrieger erwachst, der seine Welt in Richtung Glück lenken kann. Du hast das Vertrauen und die Energie, deine inneren und äußeren Kämpfe für dich auszufechten.

Tyr spricht zu dir: »So, wie du hier und jetzt dieses Kriegerlicht wahrnimmst und dir erlaubst, deinen Platz einzunehmen und für dich selbst zu kämpfen, so kannst du dein Leben im Einklang mit dir selbst leben. Dieses Gefühl säumt deinen Lebenspfad mit neuen Möglichkeiten, und du darfst dem Ruf deines Lichts folgen. Lasse dies zu. Es ist dir erlaubt, Verantwortung für dich zu übernehmen und dich deiner eigenen Liebe für dich hinzugeben.«

Tyr erinnert dich daran, wie es sich anfühlt, dein Kriegerlicht wahrzunehmen, und du spürst, wie du davon durchflutet wirst. Es geht nicht darum, all deine Kraft und Wildheit nur durch die Götter zu erfahren, sondern darum, deine eigene Göttlichkeit zu erkennen und diese zu feiern.

Dir fällt jetzt erst auf, dass du das Schwert des Tyr nicht mehr in deinen Händen hältst und doch noch immer dieses berauschend schöne Gefühl in dir spürst.

Tyr spricht zu dir: »Du kannst jederzeit zu mir zurückkehren, wenn du daran erinnert werden möchtest, dass du ein Lichtkrieger bist. Wisse jedoch, dass dein Kriegerlicht immer in dir lodert und du für dich einstehen darfst und sollst.«

Verabschiede dich von Tyr auf eine dir angenehme Art und Weise. Es ist der Moment gekommen, ins Hier und Jetzt zurückzukehren. Du atmest dich von innen nach außen und nimmst dich zurück in der Wirklichkeit wieder ganz wahr.

TYR möchte dich daran erinnern, für dich selbst einzustehen, für dich zu kämpfen und deinen Standpunkt durchzusetzen. Es darf in deinem Leben auch um deine Bedürfnisse gehen. Suche dir einen Platz in deinem Zuhause, an dem du dich wohlfühlst, der dich ausmacht und an dem du aufrecht stehen kannst. Stelle dich gerade hin, und mache dir bewusst, dass du einen festen Stand auf dem Boden hast. Stelle dir vor, wie du heute ohne zu zweifeln für dich einstehst, wie du dir und deinem Ruf vertraust und dir selbst die Hauptrolle überlässt. Nun stelle dir vor, wie du bei einer Diskussion oder einer schwierigen Entscheidung für dich einstehst. Visualisiere, wie du fest auf dem Boden stehst, dich nichts erschüttern kann und du ganz sicher bist. Dieses Gefühl kannst du in dir verankern, indem du dir erlaubst, dass es dich durchflutet. Übe dies jeden Tag, bis es dir ganz leicht und wie von allein von der Hand geht. Und verurteile dich nicht, wenn du einmal einen schlechten Tag hast.

❊ RITUAL: ERWECKE DEINEN LICHTKRIEGER!

Das folgende Ritual unterstützt dich dabei, für dich selbst einzustehen und dem Ruf, ein Lichtkrieger zu sein, zu folgen.

Für dieses Ritual benötigst du:
- 1 rotes Teelicht
- 1 Zahnstocher oder 1 Nadel
- 3 getrocknete Zimtblüten[13]

✳ Horche in dich hinein, und frage dich, warum du heute das Ritual durchführen möchtest. Welche Absicht hast du?

✳ Setze dich in der Natur oder zu Hause an deinen Altar: Baue einen Kreis, einen heiligen Platz auf, in dem du die Anrufungen (siehe Seite 122 ff.) aussprichst. Konzentriere dich auf das, was du vorhast, und lasse dich nicht durch Dinge im Außen wie das Telefon oder etwas Ähnliches ablenken.

✳ Entzünde deine Altarkerze oder ein kleines Feuer, wenn du in der Natur bist. Mache dir bewusst, dass dies dein inneres Feuer ist, dein Licht, sowie das göttliche Feuer.

---

13   Alternativ kannst du auch Zimtöl verwenden.

* Wenn du möchtest, kannst du jetzt die Utensilien für dieses Ritual mit Weihrauch oder Salbei räuchern.

* Ritze in das Wachs des Teelichts mit der Nadel oder dem Zahnstocher die Rune Tiwaz[14], und mache dir dabei bewusst, dass dich dieses Zeichen dabei unterstützt, deinen inneren Lichtkrieger zu erwecken, dich selbst in den Mittelpunkt zu stellen, für dich selbst einzustehen und deinem Ruf zu folgen. Dieses Ritual hilft dir, die Energie deines inneren Kriegerlichts zu befreien.

* Spüre, dass es jetzt an der Zeit ist, deinen eigenen Platz einzunehmen und deinen Weg zu gehen, und presse die Zimtblüten nun in das Wachs.

* Entzünde die Kerze, und sprich folgende Worte laut aus: »Hiermit nähre ich meine innere Kriegerenergie, und ich lasse diese zu – mit der Unterstützung der Kraftquelle, die in allem sprudelt. Ich bin es wert, für mich einzustehen, für mich zu kämpfen und mich als Lichtkrieger der Welt zu zeigen, und lasse zu, dass sich die schweren Energien nun transformieren. Mir ist bewusst, dass ich eine Wahl

---

14 Für einen tieferen Einblick in die Runenkunde empfehle ich dir das Buch »Runenrituale für die alltägliche Praxis« von Antara Reimann (erschienen im Schirner Verlag).

habe, und ich erlaube mir, die Verantwortung für mich und meine Wünsche zu übernehmen, ohne über das Ziel hinauszuschießen. Ich lasse die alten Blockaden los und erlaube mir, mein Licht leuchten zu lassen und für meine Rechte einzustehen. Ich danke den alten Göttern und meinen Verbündeten dafür, dass sie Zeugen meines Pfades sind. Ich trage die Verantwortung für mich selbst und lasse alles frei, was mir nicht mehr dienlich ist.«

✳ Beobachte, wie die Kerze langsam ausbrennt. Stelle dir währenddessen vor, wie sie dein inneres Feuer und deinen Kampfgeist nährt und deine Sorgen und Bedenken schmelzen lässt.

✳ Danke den Energien und dir selbst für die Schritte, die du gerade getan hast.

✳ Lasse den heiligen Raum sich wieder auflösen, und komme ganz zurück in deinen Alltag.

Walhall –

DIE EIGENE ZUKUNFT MANIFESTIEREN

Walhall war Odins Halle der heldenreichen und mutigen Gefallenen in Asgard. Hier, im Reich der Götter, standen viele prunkvolle Paläste. Doch der Palast, in dem sich Walhall befand, galt als der prächtigste. Walhall war eine von vielen Hallen in dem Palast und besaß Hunderte Tore. An der Giebelwand hing ein mächtiges Hirschgeweih und über dem westlichen Tor Walhalls ein Wolf mit einem Adler. Das Dach soll aus Schilden bestanden haben, die auf Speeren ruhten. Am Tage maßen sich die Krieger im Hof in wilden Zweikämpfen auf Leben und Tod, um ihre Tapferkeit und Kampfeskraft zu beweisen, allerdings erstanden diese Krieger am Abend alle wieder auf, um dann mit Odin zu feiern. Neben nie versiegendem Met, den die Walküren ausschenkten, gab es ein üppiges Festmahl aus dem Fleisch eines magischen Ebers, der jeden Tag aufs Neue zum Leben erwachte. Am Tage ernährten sich die Krieger von Milch aus dem Euter einer magischen Ziege, die sich auf dem Dach der Halle befand und sich hier vom Laub eines immergrünen Baumes ernährte. Den Kriegern fehlte es an diesem Ort an nichts, für sie war es der ersehnte Himmel und eine Ehre, auserwählt zu sein, zu kämpfen und an der Seite Odins und seiner Frau zu speisen. Ein kriegerischer Wikinger war zu jeder Zeit mutig und tapfer in den Kampf gezogen, denn er wusste, die Belohnung der Götter war ein Platz an der Tafel in Walhall. Die Krieger malten sich aus, wie es sein würde, gegen die stärksten, mutigsten und legendärsten Wikinger zu kämpfen, königlich zu speisen und verwöhnt zu werden. Sie alle träumten von einem ehrenvollen Leben mit einem ruhmreichen Tod. Dabei wünschten sie sich nicht per se den Tod herbei, sondern manifestierten ein Bild davon, was sie in Leben und Tod erreichen wollten. Eine Manifestation ist das Sichtbarwerden von Dingen, die wir uns erträumt und herbeigewünscht haben. Unsere Vorstellung ist Realität und damit wahrnehmbar geworden. Wir alle manifestieren ständig, jedoch tun wir dies häufig unbewusst. Manifestationen bewusst zu lenken, ist, als würden wir Träume in die Wirklichkeit treten lassen. Das Manifestieren ist kein altes Wikingerwerkzeug und wurde nicht bewusst von ihnen angewandt, jedoch können wir aus heutiger Sicht sagen, dass sie Meister in dieser Technik waren. Beim Manifestieren geht es vor allem darum, dass jeder Gedanke, jedes Wort und alles, was wir tun, Einfluss auf das hat, was wir erreichen. Die große Herausforderung dabei ist, sich selbst bewusst zu machen, was wir in unser Leben ziehen möchten. Denn wir vergessen uns oft selbst oder blockieren uns aufgrund von Ängsten oder falscher Bescheidenheit. Der erste Schritt erfolgreichen Manifestierens ist, uns klarzumachen, was wir wirklich möchten. Im zweiten und dritten Schritt wünschen wir uns dies und stellen es uns mit allen Sinnen vor, ebenso wie die Wikinger, die an der Tafel der Götter sitzend schon den Met schmecken konnten. Sie hatten keine Zweifel daran, dass Walhall existierte oder sie es dorthin schaffen würden, wenn sie nur mutig, stark und heldenhaft genug waren. Uns selbst hält oft Groll, Neid, Ärger, Missgunst oder eine mangelnde Zielrichtung davon ab, dass wir genau das erreichen, was wir uns erträumen. Was wir aus der Legende von Walhall lernen dürfen, ist, dass wir entsprechend unseren Zielen handeln und nicht einfach darauf warten sollten, dass unsere Wünsche von den Ästen der Weltenesche Yggdrasil auf uns herabfallen. Wir können alle Visionen und Träume haben, jedoch müssen wir ins Tun kommen, um sie in die Wirklichkeit treten zu lassen.

LICHTREISE

Bevor du mit der Lichtreise beginnst, baue einen heiligen Platz für dich auf.[15] Entzünde eine Kerze, mache schöne, beruhigende Musik an, und lasse den Alltag für einen Moment hinter dir.

Mache es dir bequem, schließe die Augen, und atme ganz bewusst ein und aus. Spüre genau nach, wo in deinem Körper du dich befindest. Komme vollkommen zur Ruhe. Gleite in den inneren Raum deines Herzens. Gehe immer tiefer an deinen inneren geistigen Ort.

Ein Weg zeigt sich dir. Er führt dich zum Weltenbaum Yggdrasil. Du fühlst dich vollkommen sicher und geborgen.

---

15 Eine Anleitung zum Aufbau eines heiligen Platzes findest du auf Seite 122 ff.

Nimm wahr, wie sich der Weg unter deinen Füßen anfühlt, rieche die Natur um dich herum, und höre, wie der Wind Blätter aufwirbelt. Du spürst, dass deine Seele diesen Ort schon lange kennt und du eine vertraute Verbindung zu dieser Situation hast. Am Weltenbaum Yggdrasil wartet Gott Odin schon auf dich. Er trägt eine Augenklappe, und auf seiner Schulter sitzen zwei Raben. Er winkt dich zu sich. Obwohl er eine imposante Erscheinung ist, fühlst du dich nicht verängstigt, sondern ganz sicher. In dem Moment, als du vor ihm stehst, spürst du, dass er dir seine Wertschätzung entgegenbringt und die Magie in dir zu kribbeln beginnt.

Ihr begrüßt euch auf eine dir angenehme Art und Weise. Du spürst, dass du dich augenblicklich ganz bei dir fühlst. Eure Augen treffen sich, und du erkennst, dass sich eure Seelen schon lange kennen. Du fühlst dich ganz geborgen.

Odin spricht zu dir: »Geliebtes Wesen, ich danke dir, dass du den Weg zu mir zurückgefunden hast. Heute möchte ich mit dir in meine prächtige Festhalle Walhall gehen. Dafür musst du nicht durch das Totenreich schreiten, sondern du kannst mit mir zusammen durch eins der vielen Tore gehen – durch sie wirst du auch den Weg zurück ins Hier und Jetzt finden. Habe keine Angst, du musst dich hier nicht mit den anderen Kriegern messen, doch wir möchten an diesem Ort mit dir zusammen deine Wünsche erträumen, damit sie Realität werden dürfen. Bist du bereit, mit mir zu kommen?«

Wenn du bereit bist, gib Odin ein Zeichen. Im selben Moment flattern die beiden Raben schon los. Um den Stamm von Yggdrasil herum hat sich eine Art Wendeltreppe gebildet, die ihr ganz mühelos hinaufgehen könnt, um nach Walhall zu gelangen. Ihr schreitet gemeinsam durch eines der prächtigen Tore. Die Halle ist immens groß, und doch fühlst du dich gut aufgehoben und geborgen. Du wirfst einen Blick an die Decke und erkennst, dass diese aus Schilden besteht. Die Tische sind bereits für die Festlichkeiten gedeckt, und viele andere Krieger haben sich hier versammelt.

Jeder Schritt, den du an diesem Ort tust, ist dir bewusst. Gemeinsam geht ihr zu Odins Thron. Odin nimmt Platz und weist auf den prächtigen Stuhl neben sich, auf den du dich setzt.

Er fragt dich: »Was erträumst du dir? Was möchtest du in dein Leben ziehen? Was möchtest du wirklich? Mache dir dies ganz bewusst, und male es dir in Gedanken aus, indem du all deine Sinne einbeziehst. Frage dich vor allem, warum du dies in dein Leben ziehen möchtest.«

Ein beeindruckender Krieger, der an einem Tisch in deiner Nähe sitzt, erhebt sich und kommt mit aufmunterndem Blick auf dich zu. Er spricht zu dir: »Jeder Krieger in dieser Halle unterstützt dich mit seiner Manifestationskraft, aber auch mit seinem Mut und seinem Glauben, ohne den er es nicht in diese Halle geschafft hätte. Auch du besitzt ein mutiges Licht und darfst es für deine Wünsche und Träume nutzen.«

Die Krieger stimmen ein Kampflied an, das eine Welle von Mut, Zuversicht und Tapferkeit auslöst. Du siehst mit bloßen Augen, wie sich die Energie dieses Liedes auf dich zubewegt und deine Haut sanft berührt. Es ist, als würde dich eine raue Hand ganz zärtlich streicheln. Du spürst, wie sich durch diese magische Kombination aus Rauheit und Zärtlichkeit bekannte, aber auch verborgene Blockaden in dir lösen. Du spürst, wie Groll, Missgunst, Neid, Eifersucht, Ärger, aber auch deine eigene Unentschlossenheit aus dir weichen. Du fühlst, dass du aufatmen kannst und dich freier, zielstrebiger und vor allem mutiger fühlst. Es fällt dir nun noch leichter, dein Ziel, deinen Wunsch und deine Träume zu formulieren und ins Tun zu kommen.

Odin spricht zu dir: »Es liegt in deiner Hand, ob deine Träume in die Wirklichkeit treten. Höre auf zu warten, und wisse, dass du nun die Kraft und den Mut hast, deine eigenen Träume zu lenken. Lasse überholte Gewohnheiten los, und höre auf, dich selbst auf Misserfolg zu programmieren, denn du darfst das Beste für dich erwarten.«

Der Krieger spricht zu dir: »So, wie du hier und jetzt deine Manifestationskraft wahrnimmst und dir erlaubst, deine Träume entstehen zu lassen und zu entscheiden, was du in dein Leben ziehen möchtest, so kannst du dein Leben im Einklang mit dir selbst leben. Dieses Gefühl säumt deinen Lebenspfad mit neuen Möglichkeiten. Du darfst in Bewegung kommen und dem Ruf deines inneren Lichts folgen. Dein Licht kennt deine Herzenswünsche, und du darfst diese wieder zulassen. Es ist dir erlaubt, Verantwortung für dich zu übernehmen und dich deiner Liebe für dich selbst hinzugeben.«

Walhall, der Krieger und Odin erinnern dich lediglich daran, wie es sich anfühlt, deine Manifestationskraft zu leben, und du spürst, wie du davon durchflutet wirst. Es geht nicht darum, all deine Manifestationskraft durch die Götter zu erfahren, sondern darum, deine eigene Göttlichkeit zu erkennen und diese zu feiern.

Dir fällt jetzt erst auf, dass ihr wieder am Fuße von Yggdrasil steht, und doch spürst du noch immer dieses berauschend schöne Gefühl in dir.

Odin spricht zu dir: »Du kannst jederzeit zu mir zurückkehren, wenn du daran erinnert werden möchtest, dass du deine Visionen manifestieren kannst. Jedoch wisse, dass du deine Wünsche immer in die Wirklichkeit treten lassen kannst und du für sie einstehen darfst und sollst.«

Verabschiede dich von Odin auf eine dir angenehme Art und Weise. Es ist der Moment gekommen, ins Hier und Jetzt zurückzukehren. Du atmest dich von innen nach außen und nimmst dich zurück in der Wirklichkeit wieder ganz wahr.

• •

DIE KRIEGER von Walhall möchten dich daran erinnern, dass jeder Gedanke, jedes Wort und jede Handlung Einfluss auf deine Manifestation hat. Verankere in dir eine schöne, leichte und berauschende Erinnerung. Auf diese Weise wird es dir leichter fallen, deine Wünsche zu manifestieren, ohne dass dich Blockaden oder schlechte Gedanken davon abhalten. Stelle dir vor, wie du dich fühlst, wenn du verliebt bist, wenn dir etwas Besonderes bei der Arbeit passiert oder wenn du mit Freunden aus tiefstem Herzen lachst. Verliere dich in dieser Erinnerung, und mache dir diese Situation ganz bewusst. Das Gefühl, das du dabei spürst, darf dein Anker sein, wenn du manifestierst, und erinnert dich daran, dass Manifestieren leicht sein darf.

✴◉✴ MANIFESTATIONSRITUAL

**Das folgende Ritual unterstützt dich dabei,
deine Manifestationskraft zu wecken.**

Für dieses Ritual benötigst du:
- 1 silberne und 1 goldene Kerze
- kleine Äste, mit denen du die Rune Wunjo legen kannst
- Weihrauchöl[16]

✴ Horche in dich hinein, und frage dich, warum du heute
das Ritual durchführen möchtest. Welche Absicht hast du?

✴ Setze dich in der Natur oder zu Hause an deinen Altar:
Baue einen Kreis, einen heiligen Platz auf, in dem du die
Anrufungen (siehe Seite 122 ff.) aussprichst. Konzentriere
dich auf das, was du vorhast, und lasse dich nicht durch
Dinge im Außen wie das Telefon oder etwas Ähnliches
ablenken.

✴ Entzünde deine Altarkerze oder ein kleines Feuer, wenn
du in der Natur bist. Mache dir bewusst, dass dies dein
inneres Feuer ist, dein Licht sowie das göttliche Feuer.

---

16 Falls du nur Weihrauchharz zur Hand hast, kannst du auch dieses benutzen,
indem du es in das Wachs der Kerzen drückst.

* Wenn du möchtest,
  kannst du jetzt die
  Utensilien für dieses
  Ritual mit Weihrauch oder
  Salbei räuchern.

* Reibe die silberfarbene Kerze mit dem
  Öl ein, und mache dir bewusst, dass du damit all deine
  Blockaden auf diese Kerze überträgst und diese durch sie
  transformiert werden. Stelle sie danach auf die rechte Seite
  deines Altars.

* Reibe nun die goldfarbene Kerze mit dem Öl ein, und ma-
  che dir bewusst, dass dir Mühelosigkeit, Leichtigkeit und
  Fülle zustehen, um deinen Wunsch zu erreichen. Stelle die
  Kerze dann auf die linke Seite deines Altars.

* Spüre, dass es jetzt an der Zeit ist, die Rune Wunjo[17] zu
  legen, und lege sie dann zwischen die beiden Kerzen. Mache
  dir dabei bewusst, was du in dein Leben ziehen möchtest.
  Sprich es laut aus, und stelle es dir mit all deinen Sinnen vor,
  so, als wäre dein Wunsch schon jetzt in die Realität getreten.

* Entzünde die Kerzen, und sprich folgende Worte laut aus:
  »Hiermit nähre ich meine innere Manifestationsenergie,
  und ich lasse diese zu – mit der Unterstützung der Kraft-

---

17 Für einen tieferen Einblick in die Runenkunde empfehle ich dir das Buch
   »Runenrituale für die alltägliche Praxis« von Antara Reimann (erschienen im
   Schirner Verlag).

quelle, die in allem sprudelt. Ich bin es wert, dass mein Wunsch in die Wirklichkeit tritt. Ich erlaube mir Fülle auf allen Ebenen. Ich lasse zu, dass sich die schweren Energien nun transformieren. Mir ist bewusst, dass ich eine Wahl habe, und ich erlaube mir, die Verantwortung für mich und meine Wünsche zu übernehmen, ohne über das Ziel hinauszuschießen. Ich lasse die alten und überholten Blockaden los und erlaube mir, mein Licht leuchten zu lassen und für meine Träume einzustehen. Ich danke den alten Göttern und meinen Verbündeten dafür, dass sie Zeugen meines Pfades sind. Ich trage die Verantwortung für mich selbst und lasse alles frei, was mir nicht mehr dienlich ist.«

* Lasse die Kerzen für mindestens 10 Minuten brennen, und entzünde sie die kommenden 33 Tage immer wieder. Stelle dir dabei jedes Mal vor, dass dein Traum in die Wirklichkeit getreten ist.

* Danke den Energien und dir selbst für die Schritte, die du gerade getan hast.

* Lasse den heiligen Raum sich wieder auflösen, und komme ganz zurück in deinen Alltag.

Walküren –

ÄNGSTE SIND NUR EINE ILLUSION!

Die Walküren waren weibliche, wunderschöne, kühne und kriegerische Geister oder auch Halbgöttinnen, die zum Gefolge des Gottes Odin gehörten. Sie trugen glänzende Rüstungen und geflügelte Helme und zogen nach Schlachten über die Felder, um die tapfersten Krieger in die Halle Odins zu begleiten. Sie galten als besonders betörend, hatten magische Kräfte und sollen gegenüber Liebeleien mit den Kriegern nicht abgeneigt gewesen sein. Sie dienten Odin und erfüllten ihm all seine Wünsche, jedoch hatten sie ihren eigenen Kopf und konnten frei agieren. Sie jagten mit prächtigen wilden Pferden durch die Lüfte, lenkten und unterstützten die Krieger in der Schlacht und wurden auch zum Schutz gerufen. Das Nordlicht galt bei den Wikingern als Zeichen dafür, dass die Walküren unterwegs waren, um die tapfersten und mutigsten Helden zu finden und mit sich zu nehmen. Man glaubte, das Licht des Mondes würde sich in ihren glänzenden Rüstungen verfangen und als buntes, magisches und mystisches Nordlicht auf die Erde scheinen. Die Walküren brachten die tapferen Krieger nach Walhall, um Odins Streitmacht zu verstärken und für Ragnarök, den Untergang der Welt, vorbereitet zu sein.

Die Walküren möchten uns daran erinnern, unsere Ängste und Sorgen zu überdenken, an denen wir oft ohne plausiblen Grund hängen. Wir malen uns die schlimmsten Situationen aus und rechtfertigen auf diese Weise vor uns selbst, warum etwas nicht sein soll, warum wir etwas nicht tun oder warum wir nicht das erreichen, was wir uns wirklich wünschen. Die Walküren, diese wundervollen Frauen, zeigen uns mit ihrer Legende, dass wir stark und frei sein können, wenn wir unsere inneren Dämonen bekämpfen. Unsere Ängste beengen uns und machen uns unsicher. Wir sperren uns selbst in eine Zelle, wenn wir unser Leben und Handeln von unseren Bedenken leiten lassen. Die Befürchtung, etwas falsch zu machen, zu sehr aufzufallen oder unsere Ecken und Kanten zu offenbaren, hält uns davon ab, uns selbst zu zeigen und unser inneres Licht leuchten zu lassen. Stattdessen verstecken wir uns in der farblosen Masse. Die Walküren erinnern daran, dass es nicht darum geht, sich in die Masse einzureihen und wie jeder andere zu sein. Sie möchten, dass wir unseren Mut, unsere Einzigartigkeit und unser außergewöhnliches Selbst zeigen. Fehler zu begehen und mal falsch abzubiegen, ist nicht schlimm. Wir sollten uns deshalb nicht klein fühlen, sondern den Mut aufbringen, es noch einmal zu versuchen. Wir dürfen aus unseren Fehlern lernen und die Erfahrung bewahren, jedoch sollten wir uns von schweren Erlebnissen nicht ausbremsen lassen. Wir dürfen uns fragen: Was habe ich aus meiner Angst gelernt? Welche Eigenschaft habe ich durch sie entwickelt, und inwiefern hat sie sich positiv auf mich ausgewirkt? Wenn wir darüber nachdenken, werden wir erleben, dass wir immer auch etwas Positives gelernt und uns unwissentlich weiterentwickelt haben.

Wie großartig wäre es, so furchtlos wie die Walküren zu sein und alle Angst loszulassen, jedoch die Erfahrungen, die uns weitergebracht haben, noch bei uns zu behalten. Dann bremsen wir uns nicht aus, müssen uns keine Schuld für unser Verharren geben und können selbstbestimmt und mutig unseren Weg gehen. Dafür brauchen wir keine Gruppe oder einen dieser Götter, der uns sagt, was wir zu tun haben. Wir dürfen selbst entscheiden, was sich für uns gut anfühlt. In dieser freien und sorglosen Schwingung können wir erleben, dass wir ein neues Feld öffnen, in das wir Menschen einladen, die uns in dieser Schwingung unterstützen. Jedoch sollten wir uns immer daran erinnern, dass es in unseren Händen liegt, unseren Weg allein mutig und sorgenfrei zu gehen. Was sagen die Nachbarn? Was hat der jetzt bloß von mir gedacht? Darf ich das überhaupt? Das alles sind Gedankenkonstrukte, die von Angst bestimmt sind. Aber was geht uns der Nachbar an, und warum kümmert es uns, was der Typ hinter uns an der Kasse gedacht hat, und wer außer uns selbst sollte uns etwas verbieten? Ängste erschaffen die unsagbarsten Vorstellungen in uns. Doch in diesem Moment können wir den Walküren dafür danken, dass sie uns zeigen, dass wir unsere Ängste gehen lassen dürfen, um noch mehr in unsere Kraft zu kommen.

LICHTREISE

Bevor du mit der Lichtreise beginnst, baue einen heiligen Platz für dich auf.[18] Entzünde eine Kerze, mache schöne, beruhigende Musik an, und lasse den Alltag für einen Moment hinter dir.

Mache es dir bequem, schließe die Augen, und atme ganz bewusst ein und aus. Spüre genau nach, wo in deinem Körper du dich befindest. Komme vollkommen zur Ruhe. Gleite in den inneren Raum deines Herzens. Gehe immer tiefer an deinen inneren geistigen Ort.

Ein Weg zeigt sich dir. Er führt dich zum Weltenbaum Yggdrasil. Du fühlst dich vollkommen sicher und geborgen. Nimm wahr, wie sich der Weg unter deinen Füßen anfühlt, rieche die Natur um dich herum, und höre, wie der Wind Blätter aufwirbelt. Du spürst, dass deine Seele diesen Ort schon lange kennt und du eine vertraute Verbindung zu dieser Situation hast. Am Weltenbaum wartet bereits eine wunderschöne, hochgewachsene und starke Frau auf dich. Sie trägt einen Helm mit Flügeln daran. Du erkennst, dass dies eine Walküre ist. Sie winkt dich zu sich. Ihr begrüßt euch auf eine dir angenehme Art und Weise. Spüre, wie du dich augenblicklich ganz bei dir fühlst.

---

18   Eine Anleitung zum Aufbau eines heiligen Platzes findest du auf Seite 122 ff.

Eure Augen treffen sich, und du erkennst, dass sich eure Seelen schon lange kennen. Du erlebst, dass du dich schon jetzt ganz frei von Sorgen und Ängsten fühlst.

Die Walküre sprich zu dir: »Geliebtes Wesen, ich danke dir, dass du den Weg zu mir zurückgefunden hast. Ich möchte dir helfen, dich angst- und sorgenfrei zu fühlen und diese Freiheit wieder für dich erlebbar zu machen. So kannst du deine Schwingung erhöhen. Es ist wie Magie, es lässt dich müheloser durch die kommende Zeit gleiten. Oft hängen wir noch an alten Ängsten, weil wir vermeiden wollen, uns neu auszurichten, oder weil wir nicht wieder verletzt werden wollen. Jedoch hält uns die Angst auch davon ab, ein eigenständiges und selbstbestimmtes Leben zu führen. Die Angst lähmt dich, und sie hindert dich daran, deine Einzigartigkeit und dein außergewöhnliches Selbst zu zeigen. Deine Angst stand dir zu, jedoch darfst du sie nun gehen lassen. Das, was du aus ihr gelernt hast, darf bei dir bleiben, denn dies gehört zu dir – die Sorgen können nun jedoch aus dir gelöst werden. Sei furchtlos und dennoch achtsam mit dir selbst, dann bremst dich kein Schuldgefühl aus, und du kannst selbstbestimmt deinen Weg gehen.«

Die Walküre möchte jegliche Ängste und Sorgen aus deinem Körper lösen und damit dich und dein Fortkommen stärken. Sie spricht zu dir: »Bist du bereit?«

Gib ihr ein Zeichen. Sie setzt dir ihren geflügelten Helm auf, und du spürst den kühlen Stahl auf deiner Haut. Du erlebst, wie eine erhabene Ruhe in dich einkehrt, wie Ängste, Sorgen und Bedenken aus dir gelöst und über deinen Kopf in den Helm abgegeben werden. Erlebe, wie all das, was dich davon abhält, ein mutiges und selbstbestimmtes Leben zu führen, aus dir hinausfließt und du dies gehen lassen kannst.

Du nimmst wahr, wie Furcht, Schrecken und Ängstlichkeit mit dem Schlagen der Helmflügel verfliegen. Alle schweren Gedanken und Schuldzuweisungen werden mitgenommen, denn diese benötigst du nicht mehr. Was du aber aus diesen Erfahrungen gelernt hast, bleibt bei dir. Nimm wahr, wie sich all dies aus dir herauslöst und du es abgeben kannst.

Die Walküre legt ihre Hände auf deine Schultern. Durch diese Berührung nimmst du all deine wundervollen Stärken wie Mut, Tapferkeit und Furchtlosigkeit in deinem Körper wahr. Stärken, denen du bis jetzt vielleicht noch nicht deine volle Aufmerksamkeit geschenkt hast – aber jetzt. Erlebe, wie du dich mit jedem Atemzug neu ausrichtest, alles Überholte abgibst und deinen Fokus auf das Positive richtest. Du spürst, wie der Mut deinen ganzen Körper erfüllt und du richtig euphorisch wirst. Du strahlst über das ganze Gesicht und erlebst, dass du ganz bei dir ankommst und es dir leichter fällt, dich mutig und sorglos zu fühlen und dein Licht strahlen zu lassen.

Die Walküre spricht zu dir: »So, wie du hier und jetzt mutig und furchtlos bist, kannst du nun auch in deinem Alltag mit Leichtigkeit, mühelos, optimistisch und ohne Ausreden deinen Weg gehen. Diese Gefühle sind das Fundament deines selbstbestimmten Lebenspfades. Du darfst wissen, dass du ein wunderschönes Licht bist, das es verdient, angstfrei zu sein. Dein Licht kennt das Gefühl von Zuversicht und Mut, und du darfst dies wieder zulassen. Du kannst die Schwere loslassen und dich deiner Liebe und Unerschrockenheit hingeben.«

Die Walküre erinnert dich lediglich daran, wie es sich anfühlt, angstfrei zu sein, und du spürst, wie du augenblicklich davon durchflutet wirst. Es geht nicht darum, Furchtlosigkeit nur durch die Götter zu erfahren, sondern darum, deine eigene Göttlichkeit zu erkennen und diese zu feiern.

Dir fällt jetzt erst auf, dass die Walküre ihre Hände von deinen Schultern genommen hat und auch ihren Helm wieder trägt. Trotzdem spürst du noch immer dieses schöne, heilsame Gefühl in dir.

Die Walküre spricht zu dir: »Du kannst jederzeit zu mir zurückkehren, wenn du daran erinnert werden möchtest, dass du dich wagemutig, zuversichtlich und kühn fühlen darfst. Wisse jedoch, dass du deinen Mut und deine Unerschrockenheit in dir trägst und diese akzeptieren darfst.«

Verabschiede dich von der Walküre auf eine dir angenehme Art und Weise. Es ist der Moment gekommen, ins Hier und Jetzt zurückzukehren. Du atmest dich von innen nach außen und nimmst dich zurück in der Wirklichkeit wieder ganz wahr.

DIE WALKÜREN möchten dich daran erinnern, dass du deine Angst kontrollieren kannst und sie nicht dich kontrollieren darf. Wenn du in eine Situation kommst, die Sorgen, Angst oder Besorgnis in dir hervorruft, dann überlege, was du aus dieser Situation lernen kannst. Warum lässt du dich von dieser Situation jetzt in diesem Moment ausbremsen? Und vor allem, woher kommt diese Angst? Ist es deine eigene Angst, oder entstammt sie einem kollektiven Gefühl? Ich möchte nicht, dass du dich unnötig in angstbehaftete Situationen bringst, jedoch möchte ich, dass du überdenkst, warum du gerade in dieser Situation Beklemmungen verspürst. Wenn du den »Nutzen« für dich herausgefiltert hast, dann überlege, ob du die Angst in diesem Moment wirklich brauchst.

 MUTRITUAL

**Das folgende Ritual unterstützt dich dabei,
für dich selbst einzustehen
sowie tapferer und mutiger zu sein.**

Für dieses Ritual benötigst du:

- Ton
- getrocknete Brennnesselblätter
- 1 Zahnstocher
- Pfefferminz-Öl
- 1 lilafarbene Kerze

✳ Horche in dich hinein, und frage dich, warum du heute das Ritual durchführen möchtest. Welche Absicht hast du?

✳ Setze dich in der Natur oder zu Hause an deinen Altar: Baue einen Kreis, einen heiligen Platz auf, in dem du die Anrufungen (siehe Seite 122 ff.) aussprichst. Konzentriere dich auf das, was du vorhast, und lasse dich nicht durch Dinge im Außen wie das Telefon oder etwas Ähnliches ablenken.

✳ Entzünde deine Altarkerze oder ein kleines Feuer, wenn du in der Natur bist. Mache dir bewusst, dass dies dein inneres Feuer ist, dein Licht sowie das göttliche Feuer.

* Wenn du möchtest, kannst du jetzt die Utensilien für dieses Ritual mit Weihrauch oder Salbei räuchern.

* Knete den Ton, und arbeite die Blätter der Brennnessel in ihn ein. Forme eine kleine Scheibe in der Größe einer Zwei-Euro-Münze aus ihm.

* Entzünde die lilafarbene Kerze mit dem Gedanken, dass alle Ängste und Bedenken nun schmelzen dürfen.

* Ritze mit dem Zahnstocher die Rune Uruz[19] in den Ton, und mache dir bewusst, dass diese Rune dich dabei unterstützt, dich kühner und verwegener zu fühlen.

* Lege die Tonscheibe nun in die Mitte deines Altars, träufele neun Tropfen des Pfefferminz-Öls auf die Rune, und sprich folgende Worte laut aus: »Hiermit nähre ich meine Furchtlosigkeit, und ich lasse diese zu – mit der Unterstützung der Kraftquelle, die in allem sprudelt. Ich bin es wert, angstfrei und unerschrocken sein zu dürfen, und ich erlaube mir Mut auf allen Ebenen. Ich lasse zu, dass sich die schweren Energien nun transformieren. Mir ist bewusst, dass ich eine Wahl habe, und ich gestatte mir, die Verantwortung für mich und mein Leben zu übernehmen,

---

19 Für einen tieferen Einblick in die Runenkunde empfehle ich dir das Buch »Runenrituale für die alltägliche Praxis« von Antara Reimann (erschienen im Schirner Verlag).

ohne dass die Angst mein Leben lenkt. Ich lasse die alten und überholten Blockaden los und erlaube mir, mein Licht leuchten zu lassen und für meine Einzigartigkeit einzustehen. Ich danke den alten Göttern und meinen Verbündeten dafür, dass sie Zeugen meines Pfades sind. Ich trage die Verantwortung für mich selbst und lasse alles frei, was mir nicht mehr dienlich ist.«

* Lasse die Kerze ausbrennen und die Rune mindestens 33 Tage auf deinem Altar liegen, und beträufle den Ton alle elf Tage wieder mit dem Öl.

* Danke den Energien und dir selbst für die Schritte, die du gerade getan hast.

* Lasse den heiligen Raum sich wieder auflösen, und komme ganz zurück in deinen Alltag.

Nachwort

Rituale und Bräuche gehören fest zur Kultur der Wikinger. Teilweise wurden sie in großem Rahmen zelebriert, aber auch mit kleinen Ritualen wurde den Göttern gehuldigt. Ob für den Ackerbau, für Fruchtbarkeit oder auch für Schutz in der Schlacht, ihre Rituale waren vielfältig, und doch hatten sie alle einen ähnlichen Aufbau. Ein Platz wurde bereitet, man hat sich auf die Zeremonie vorbereitet, und man rief seine Verbündeten an seine Seite, die das Vorhaben unterstützen sollten. In einem kleinen, überschaubaren Rahmen kannst du dies auch für dich tun.

AUFBAU DES ALTARS

Einen Altar in unseren Räumen zu haben, lässt uns uns geborgen fühlen und kann uns daran erinnern, zu meditieren und vor allem immer wieder in unsere eigene Mitte zu kommen. Als Altar kann nahezu jeder Gegenstand in deinem Zuhause dienen, er kann aber auch in der Natur entstehen, die für mich persönlich schon meine Kathedrale ist. Ich selbst habe in fast jedem meiner Räume einen kleinen Altar, nicht, weil ich der Meinung bin, dass ich in jedem einen benötige, sondern, weil ich es einfach schön finde, meinen Gedanken hier Raum zu geben. Mein Altar ermahnt aber auch liebevoll, wenn es Zeit ist, zu prüfen, ob ich ganz bei mir bin. Ich verändere den Aufbau immer mal wieder, um mich auch in meinem Inneren neu auszurichten.

Einen Altar aufzubauen, kann etwas Beruhigendes, Magisches und vor allem zutiefst Verbindendes sein. Für meine Rituale baue ich meinen Altar entweder um oder baue ihn ganz neu auf. Dazu rufe ich die Himmelsrichtungen, Elemente und meine Verbündeten an. In diesem Fall natürlich die Götter der Wikinger. Es ist, als würde ich eine Kuppel aus Licht und Geborgenheit erschaffen, in der ich vollkommen vertrauensvoll und sorgenfrei ruhen kann, um die Schritte zu tun, die für mich in diesem Augenblick wichtig sind. Diesen heiligen Platz baue ich schon ganz automatisch auf, wenn ich anfange, zu meditieren oder auch auf Lichtreise zu gehen. Ich finde, dass der Aufbau des Altars etwas ganz Persönliches ist, daher sollte dies ganz nach deinen eigenen Vorstellungen geschehen. Die folgenden Anregungen sind lediglich Vorschläge, die du annehmen darfst, aber nicht musst. Ein Altar ist nicht zwingend etwas Religiöses oder Spirituelles, sondern erschafft für dich einen sakralen Bereich, in dem du dich aufgehoben fühlen, mit den Welten kommunizieren und dieser Wertschätzung und Ehrung entgegenbringen kannst und wo auch dir Wertschätzung entgegengebracht werden darf. Du kannst dir extra für die Rituale einen Altar errichten oder dafür deinen ganz persönlichen Altar nutzen. Du kannst ihn deinen Bedürfnissen anpassen und von Herzen ergänzen, was noch fehlt, oder weglassen, was für dich nicht stimmig ist. Auf Reisen habe ich zum Beispiel immer nur eine kleine Auswahl an Gegenständen sowie nur gut verstaubare Dinge bei mir wie z. B. Bilder. Da ich zudem immer ein Kartendeck im Gepäck habe, nehme ich, wenn mir passende Gegenstände fehlen, einfach dieses zur Hand, suche mir die Repräsentanten zu den jeweiligen Themen heraus und baue diese dann auf.

Wenn du möchtest, dann kannst du den Platz, an dem du deinen Altar errichtest, vorbereiten, indem du ihn räucherst. Zudem ist dir bestimmt aufgefallen, dass sich dein Altar mit der Zeit mit Gegenständen für die einzelnen Rituale füllt. All diese Gegenstände waren auch Teil der alten Welt. Indem du diesen Raum erschaffst, stellst du durch Raum und Zeit eine Verbindung zu allen anderen kraftvollen Altären und Kraftplätzen her. Jeder einzelne Gegenstand kann dich daran erinnern, dass ein kraftvolles Licht und Wunder in dir verborgen sind.

Lege als »Grundausstattung« für jedes der Elemente einen symbolischen Gegenstand auf deinen Altar. Du benötigst außerdem ein Tuch oder eine Decke, zwölf kleine Steine, eine Rabenfeder und einen Eschestock oder -stab, der 15 cm lang ist. Für die Luft kannst du eine Feder, für das Feuer eine Kerze oder eine Feuerschale, für das Wasser eine Muschel oder ein Behältnis mit Wasser und für die Erde einen Kristall oder einen Stein auf dein Altartuch legen. Das Tuch ist ein Symbol für Geborgenheit, Sicherheit und Schutz. Lege zwei der zwölf Steine mit etwa 16 cm Abstand nebeneinander, und lege den Eschestab und die Feder verbindend dazwischen. Die beiden Steine sind Bug und Heck deines kleinen Drachenbootes, und nun lege aus den anderen Steinen den Umriss eines Bootes auf deinen Altar.

AUFBAU DES HEILIGEN PLATZES UND ANRUFUNGEN

Einen heiligen Platz für sich zu schaffen und dazu die Götter, Verbündeten, Himmelsrichtungen und Elemente zu sich zu rufen, hat eine lange Tradition in vielen vergangenen und noch bestehenden Kulturen. Dies muss nicht immer mit einem Ritual verbunden sein, denn es gibt womöglich Augenblicke, in denen du Unterstützung im Alltag brauchst oder dich allein oder nicht geerdet fühlst. Dann darf dir diese Verbindung Trost und Verbundenheit schenken und dich zurück in deine Mitte bringen. Eine Kuppel aus Licht oder einen heiligen Raum um sich herum zu erschaffen, kann in vielen Situationen ein schönes und beschützendes Gefühl schenken. Indem du dich mit den Elementen oder Himmelsrichtungen, aber auch mit den Göttern auseinandersetzt, erschaffst du für dich einen mühelosen Fluss, um mit dir selbst und deiner eigenen Magie in Kontakt zu kommen. In dem Moment, in dem du sie bewusst ansprichst, öffnest du dein Herz und stellst eine Regenbogenbrücke zu ihnen her.

Wenn sich dieser Aufbau nun von anderen Vorgehen unterscheidet, die du bisher gelernt, gesehen oder von denen du gelesen hast, dann erlaube dir selbst, zu entscheiden, welcher Aufbau, welche Anrufung und welche Zuordnung für dich die richtige ist. Es gibt hier kein Richtig oder Falsch, sondern nur dein Wohlgefühl, denn es soll dich unterstützen und nicht jemand anderen erfreuen.

Nachdem du deinen Altar aufgebaut oder ihn für ein Ritual mit möglichen neuen Utensilien ergänzt hast, baue einen Kreis, einen heiligen Platz, auf, indem du dich nacheinander in alle vier Himmelsrichtungen drehst. Dabei erschaffst du einen heiligen Raum zwischen Himmel und Erde. Im Zentrum dieses Platzes bist du und darfst dich stark wie Yggdrasil fühlen. Du bist der Mittelpunkt, eine Brücke von Energie und verbunden mit allem Sein. Alle Elemente, und auch die vier Ecken der Welt, sind ein Sinnbild für dich, ein Teil von dir und stellen eine Verbindung zu dir selbst dar.

Wenn du dies möchtest, dann räuchere zu Beginn der Anrufungszeremonie. Der Rauch unterstützt dich dabei, deine Worte zu verdichten und deine Gedanken sichtbar zu machen. Entzünde dein Räucherwerk, lasse den Rauch aufsteigen und dich von ihm leicht wiegen. Öffne deine Hände, lasse deine Handflächen nacheinander in die vier Himmelsrichtungen schauen, indem du dich in die jeweilige Himmelsrichtung drehst. Werde still, horche in dich hinein, und denke an das, wofür du in diesem Augenblick dankbar bist, an den Grund, aus dem du diesen Ort nun erschaffst, und daran, für welches Ritual du ihn nutzen möchtest.

Nimm wahr, dass der Moment gekommen ist und dass du bereit bist, diesen Ort zu errichten. Lasse mit dem Sprechen der folgenden Worte vor deinem inneren Auge ein Bild davon entstehen, wie sich um dich ein heiliger Raum aufbaut, in dem die Energie dichter und leuchtender wird und du das leuchtende strahlende Zentrum bist.

Drehe dich nach Westen, schließe die Augen, stelle dir vor, wie die Kraft des Wassers dich berührt, und sprich: »Ich rufe meine Begleiter und Verbündeten des Westens, des Wassers und der Emotionen. Ich rufe Odin. Möge die göttliche Quelle sich mit der Quelle meines Herzens verbinden. Ich bin der Lebensquell. Möget ihr mich daran erinnern, dass ich ein Wunder bin. Danke, dass ihr mir helft. Seid willkommen, so sei es!«
Deine Verbündeten des Westens helfen dir bei Themen rund um deine Gefühle, Emotionen und in Bezug auf Empathie. Zum einen unterstützen sie dich dabei, deine eigenen Emotionen und die der anderen wahrzunehmen, aber auch, deine Gefühle ohne Einschränkung zu leben und zu ihnen zu stehen. Sie erinnern dich daran, dass du spüren und fühlen darfst und du zu deinen Gefühlen stehen kannst.

Drehe dich in den Norden, schließe die Augen, stelle dir vor, wie die Kraft der Erde dich berührt, und sprich: »Ich rufe meine Begleiter und Verbündeten des Nordens, der Erde und die des Körpers. Ich rufe Thor. Mögen meine Wurzeln den göttlichen Herzschlag wahrnehmen und ich mir meiner kraft- und lichtvollen Verbindungen bewusst werden. Mein

Körper ist mein Tempel. Möget ihr mich daran erinnern, dass ich mich wertschätze und ehre. Danke, dass ihr mir helft. Seid willkommen, so sei es!«

Deine Verbündeten des Nordens helfen dir bei Themen rund um deinen Körper. Sie lassen dich dich geerdet und auf diesem Planeten verankert fühlen. Sie schenken dir das Vertrauen, dass du die Kontrolle über dich und dein Tun hast. Sie verbinden dich mit deinem Körper, deinem Körpergefühl und sorgen dafür, dass du dich in dir selbst ganz geborgen und zu Hause fühlst.

Drehe dich in den Osten, schließe die Augen, stelle dir vor, wie die Kraft des Windes dich berührt, und sprich: »Ich rufe meine Begleiter und Verbündeten des Ostens, der Luft und die meines Intellekts. Ich rufe Loki. Möge der göttliche Atem mich und alles, womit ich sichtbar und unsichtbar verbunden bin, durchströmen. Ich bin Lebensenergie und Lebenskraft. Danke, dass ihr mir helft. Seid willkommen, so sei es!«

Deine Verbündeten des Ostens helfen dir bei Themen rund um deine Gedanken, deinen Intellekt, deine Denkweise und deine Fähigkeit, alles abzuwägen. Sie stehen aber auch für deinen Atem und den Wind. Sie verbinden dich mit Heilenergien und lassen dich mit Klarheit, Weisheit und Inspiration deinem Weitblick vertrauen. Mit ihrer Unterstützung kannst du vieles müheloser verstehen und dich auf den Neubeginn ausrichten.

Drehe dich in den Süden, schließe die Augen, stelle dir vor, wie die Kraft des Feuers dich berührt, und sprich: »Ich rufe meine Begleiter und Verbündeten des Südens, des Feuers und die meiner Leidenschaft. Ich rufe Freya. Möge das göttliche Licht sich mit meinem göttlichen Funken verbinden, damit ich mein Licht klar spüren kann. Ich bin die geborgene Wärme und Liebe. Danke, dass ihr mir helft. Seid willkommen, so sei es!«

Deine Verbündeten des Südens helfen dir bei Themen rund um deine Leidenschaft, deine Sehnsüchte und deine Bedürfnisse. Sie stehen für die Sexualität und entfachen in dir ein Feuer für dich und die Welt. Jedoch wird auch der Beschützer deiner Familie sowie dein eigener durch die Verbündeten erweckt. Deine Verbündeten erinnern dich daran, was dich aus deinen Tiefen heraus antreibt und lassen dich erkennen, dass Sehnsucht, Lust und Ekstase etwas Heiliges sein dürfen.

Spüre, erlebe, und nimm wahr, wie dein Licht das Licht von Mutter Erde berührt, und erlaube dir, in das unendliche Wissen und die Weisheit von Mutter Erde einzutauchen. Denn sie war schon lange hier, bevor du den Weg gegangen bist. Erlaube ihr, dich zu halten und dir ihre Liebe zu schenken. Schließe deine Augen, lege deine Hände auf die Erde, und spüre, wie ihre Kraft dich berührt.

Sprich: »Danke, Mutter Erde, dass du uns bedingungslos hältst und wir ein Teil von dir sind. Ich danke dir und Yggdrasil, dass ihr mich mit universeller Lebensenergie durchflutet, mich mit dem Wissen der Sterne, des Mondes und der Sonne beschenkt. Danke, dass ihr mir helft, noch mehr zu leuchten, zu wachsen und mein eigenes Wissen zu erkennen und zu verstehen.«

Der heilige Raum ist nun errichtet und strahlt. Nach dem Ritual kannst du den heiligen Raum ganz mühelos auflösen, indem du den imaginären Platz gegen den Uhrzeigersinn wieder berührst oder laut klatschst und deinen Verbündeten für ihre Unterstützung dankst.

Danksagung

Wie eingangs schon erwähnt, begleiten mich die Wikinger schon mein Leben lang, und ich bin dir, lieber Leser, dankbar, denn ohne dich könnten wir nicht gemeinsam diesen Traum träumen. Mögen dich Mut und Zuversicht auf deinem Seelenweg begleiten.

Als Kind überlegte ich oft, warum nicht die Wölfe Odins bei mir unter dem Tisch liegen, wenn es beim Besuch bei meiner Großmutter um einen zu vollen Teller mit Rosenkohl oder Ähnlichem ging. Durch dich, liebe Omi, durfte ich erleben, wie es ist, wenn sich Wirklichkeit mit Träumen vermischt. Ich danke dir, dass du nie aufgehört hast, mich mit Geschichten zu »füttern«. Die mystische Welt stand mir immer offen, und weder meine Großeltern noch meine Eltern haben diese Tür je vor mir verschlossen. Danke für dieses magische Geschenk, das ich heute mit euch teilen darf.

Ich möchte meinen Eltern Anne-Karine und Hans-Albert dafür danken, dass sie mich und meine Schwestern immer ermutigt haben, unseren Weg zu gehen, mich mit dem Wissen um die Mythen und Legenden vieler Länder und Kulturen »gefüttert« und mir den Weg unserer Ahnen immer offengehalten haben. Ihr seid so unfassbar, und ich bin für euch sehr dankbar. Ich danke vor allem meiner Zwillingsschwester Wibke-Martina, die mich immer unterstützt, Verständnis für mich hat, mich zum Lachen bringt und mir darüber hinaus die Zeit, den Raum und den Platz schenkt, meinen Traum zu verwirklichen. Du bist für mich ein Sinnbild für Mut und Tapferkeit. Du bist meine Schildmaid. Ich weiß, dass es mit mir nicht immer einfach ist, aber dafür gibt es zum Schluss immer etwas zu lachen. Meine Liebe für euch ist unermesslich, und ich habe euch lieb.

Meinen zwei liebsten Freunden Caro und Tim möchte ich für alles und ihr Sein danken – und eurem schnuckeligen Sohn Henri, der mit mir über die Felder Haithabus stapft und die Geschichten der Götter aufsaugt, wie ich damals bei meiner Großmutter.

Pfade können verschlungen wirken, und wenn sich ein Weg vor dir zeigt, dann genieße jeden Schritt, denn jeder einzelne kann großartig sein. Ich danke euch zauberhaften Lichtern für jeden kleinen und großen Schritt, den ihr mit mir geht. Und ich möchte meinem lieben Mondbruder Dennis danken, denn du hast immer so viel Verständnis und Liebe für mich. Danke an meine Lichtkrieger und Pilzsammler Sandra und Sascha, ihr seid einfach der Knaller, und ich bin froh über diese Verbindung.

Ich danke meinen Verlegern, der lieben Heidi und dem lieben Markus Schirner, dafür, dass sie mich dieses Thema in die Welt bringen lassen und mir so ihr Vertrauen schenken. Ich weiß dies wirklich zu schätzen. Ein großes Dankeschön geht an meine liebe Lektorin Kerstin – du hast in der letzten Zeit so unglaublich viel Verständnis für alles gehabt, und ich bin wirklich dankbar, dass du mich so unermüdlich unterstützt.

Mögen die Liebe und das Licht uns allzeit führen und uns magische Momente schenken, und mögen wir vor allem MUTIG und EINZIGARTIG sein.

Eure Anne-Mareike Schultz

Über die Autorin

Anne-Mareike Schultz beschäftigte sich bereits im Kindesalter mit Lichtwesen, Mythen und Legenden. Seit früher Kindheit bereiste sie die Welt und lebte zudem einige Zeit in den USA und Australien. Durch ihre Vorfahren kam sie schon ganz früh mit schamanischem Wissen und den unsichtbaren Welten und deren Kraft in Berührung. Nach Beendigung ihres Studiums entdeckte sie die Naturheilkunde für sich, absolvierte eine Ausbildung zur Heilpraktikerin und eröffnete gemeinsam mit ihrer Zwillingsschwester eine Gemeinschaftspraxis in Schleswig-Holstein. Anne-Mareike Schultz bietet zudem Seminare, Workshops, Meditationen, Einzelsitzungen, Webinare, Onlinekurse und Seminarreisen an.

Weitere Informationen zur Autorin finden Sie auf ihrer Website sowie auf Facebook und Instagram.

Homepage: www.annemareike.me
Facebook: annemareikeschultz
Instagram: _annemareike_

Danke für deine REZENSION
– Gemeinsam sind wir mehr –

Liebe Leserin, lieber Leser,

von Herzen danken wir dir, dass du dieses Buch in den Händen hältst und es bis zum Ende gelesen hast. Das bedeutet uns, dem Schirner Verlag und seinen Autoren, sehr viel. Aus voller Überzeugung und mit Hingabe widmen wir uns seit vielen Jahren Themen, die unser aller Lebensqualität und Bewusstwerdung dienlich sind, und hoffen, einen Beitrag für eine lichtvollere Welt leisten zu können. Wenn dir unsere Arbeit gefällt, möchten wir dich bitten, dir einige Minuten Zeit zu nehmen, um dieses Buch zu rezensieren. Warum? Die meisten Menschen lesen Rezensionen, bevor sie ein Buch kaufen, da sie hierdurch einen Eindruck bekommen, ob und wie der Inhalt des Buches den Leser erreicht hat. Eine kurze Rezension ist dabei ebenso hilfreich wie eine lange, sehr ausführliche. Um es auf den Punkt zu bringen:

Eine Rezension ist heutzutage die beste Werbung für ein Autorenwerk!

Wenn du den Schirner Verlag und seine Autoren neben dem Buchkauf auch anderweitig unterstützen willst, dann bitten wir dich: Schreibe für jedes Werk eine Rezension – am besten auf der Seite, wo du es gekauft hast, und zusätzlich beim Schirner Verlag und bei Amazon. Das wäre nicht nur eine Wertschätzung für die Autoren, sondern kann dazu beitragen, dass die Verkaufszahlen steigen und der Schirner Verlag auch in herausfordernden Zeiten Bestand hat.

WIE SCHREIBT MAN EINE REZENSION?

Grundsätzlich sollte eine Rezension aus der eigenen, subjektiven Sicht geschrieben werden, da es sich um eine persönliche Meinung handelt. Du kannst in zwei Sätzen deine Gedanken zu dem Buch äußern oder eine längere Rezension verfassen. Falls du nicht weißt, wie du beginnen sollst, hier ein paar Anregungen:

- War das Buch leicht verständlich geschrieben? Wie hat dir die Sprache gefallen? Wie empfandest du die Aufteilung der verschiedenen Themen?

- War es unterhaltsam? War es deiner Meinung nach mit Herzblut und Liebe geschrieben? Wie hat es auf dich gewirkt?

- Hat es dein Herz berührt? Konntest du dich wiederfinden?

- War es tief greifend genug? Hast du viel Neues gelernt?

- Hat es gehalten, was der Titel und die Buchbeschreibung versprochen haben? Hat es deine Erwartungen erfüllt?

- Was macht das Buch besonders? Warum sticht es heraus im Vergleich zu anderen Büchern, die ein ähnliches Thema behandeln?

- Würdest du das Buch weiterempfehlen oder verschenken?

SPÜRE die Magie IN deinem Leben!

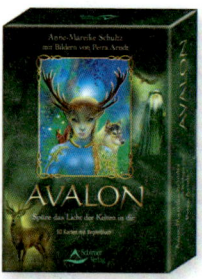

Anne-Mareike Schultz & Petra Arndt
Die Magie Avalons
Auf neuen Spuren den alten Weg
der Kelten spüren
240 Seiten
978-3-8434-1314-5

Anne-Mareike Schultz & Petra Arndt
Avalon
Spüre das Licht der Kelten in dir
50 Karten mit Begleitbuch
978-3-8434-9094-8

Anne-Mareike Schultz
Priesterin Avalons
Erwecke die Kraft der Großen Göttin in dir
144 Seiten
978-3-8434-1265-0

Anne-Mareike Schultz &
Dennis Möck-Ludwig
Mondpriesterschaft
Rituale, Zeremonien und Einweihungen
für ein Leben im Mond-Jahreslauf
136 Seiten
978-3-8434-1315-2

Anne-Mareike Schultz &
Dennis Möck-Ludwig
Mondpriesterschaft
Erwecke die Kraft deiner Seele mit
den Mondenergien
50 Karten mit Begleitbuch
978-3-8434-9107-5

Anne-Mareike Schultz & Beate Seebauer
Magische Rauhnächte
Mit den Tierbegleitern durch die mystische Zeit
144 Seiten
978-3-8434-1349-7

Bildnachweis

Bilder von der Bilddatenbank www.shutterstock.com:

Schmuckelemente auf allen Seiten: Hintergründe: #54181237 (© Corepics VOF), #1038398644 (© Denis Belitsky), Wikingersymbol/Bilderrahmen: #341320430 (© dwph), #644514706 (© Bourbon-88), Runensymbole von den Übungs- und Ritualseiten: #1013725792 (© Kirasolly)

Weitere Bilder: S. 7 #262234709 (© Jamen Percy), S. 11 #209160796 (© Algol), S. 13 #328318199 (© Fernando Cortes), S. 19 #478449772 (© Nejron Photo), S. 20 #1173970585 (© VeronArt16), S. 23 #748983808 (© Vera Petruk), S. 26 #1086774350 (© Lada Sher), S. 29 #658818958 (© Sergio Foto), S. 34/46/83/93/104 #1073149616 (© Nidvoray), S. 36 #271019510 (© Nejron Photo), S. 39 #1151767226 (© Dan Rentea), S. 42 #137395961 (© jurra8), S. 50 #730327537 (© Mark Brandon), S. 52 #641585857 (© Fotokvadrat), S. 55 #1108941977 (© ThaiPrayBoy), S. 59 #513891982 (© Esmeralda Edenberg), S. 63 #425906497 (© RPBaiao), S. 69 #781160485 (© Phuwadol Jeenlanya), S. 74 #690889336 (© FOTOimage Montreal), S. 77 #460742722 (© Brita Seifert), S. 81 #263807603 (© AlekseyKarpenko), S. 89 #223003063 (© Stamatoyoshi), S. 99 #1086773882 (© Lada Sher), S. 107 #262234709 (© Jamen Percy), S. 109 # #54181237 (© Corepics VOF), S. 110 #604182356 (© Fernando Cortes), S. 116 #268770524 (© Irina Sokolovskaya), S. 120 #1047072544 (© CoralAntlerCreative), S. 123 #787465957 (© Sebastian Nitsche), S. 126 #486427477 (© crazymedia)